SAMUEL CHRISTIAN PAPE

Ein Dichter aus dem Elbe-Weser-Dreieck

Kindheit in Wulsbüttel

Samuel Christian Pape wurde am 22. November 1774 in Lesum im Hause des Großvaters mütterlicherseits geboren. Die Lappenbergs sind eine angesehene Familie, aus der Theologen und Ärzte hervorgingen, auch in der Regionalgeschichte machen sie sich einen Namen.

Samuel Christian Lappenberg, Pfarrer zu Lesum, hatte 1771 seine 20jährige Tochter Luise Margarete Henriette dem 25jährigen Pfarrer Henrich Pape zur Frau gegeben, der im gleichen Jahr die Pfarrstelle in Wulsbüttel antrat, einem kleinen Ort auf halbem Wege von Lesum zur Wesermündung, auf dem sandigen Rücken zwischen Teufelsmoor und Wesermarsch.

Der junge Pfarrer entstammt ebenfalls einer honorigen Familie, sein Vater ist Auktionator und Notar. Der kleine Samuel Christian ist das zweite von fünf Kindern aus der ersten Ehe seines Vaters, weitere drei folgen in zweiter Ehe, und schon bei seiner Geburt ist abzusehen, dass er die besten Bildungseinrichtungen seiner Zeit wird nutzen können. Er stammt aus einer privilegierten Familie mit einem gewissen Ansehen und Einfluss.

Wulsbüttel, ein weltverlorener Ort, rundum von Heide umgeben, liegt zwischen Lesum und Ritzebüttel, der Keimzelle des heutigen Cuxhaven. Um 1718 befanden sich dort zehn Höfe, um 1791 immerhin 19 Feuerstellen (zum Vergleich: selbst im Jahre 1900 war lediglich eine weitere hinzugekommen: 20).

Die Kirche ist vergleichsweise alt, bereits 1269 wurde sie erwähnt, der Heiligen Lucia wurde sie geweiht. Lange haben sich die Pastoren hier nie gehalten, woran vor allem das geringe Einkommie geographische Lage schuld sind.

Zwischen 1541 und 1879 waren es dreißig Amtsbrüder, die sich abgewechselt hatten, das bedeutet eine statistische Amtsdauer von 11,27 Jahren, die übrigens Pastor Henrich Pape nur leicht überschreiten wird.

Nicht einmal eine Orgel besitzt die Kirche dieses armen Fleckens. Dafür gibt es mit ziemlicher Wahrscheinlichkeit seit mindestens 1721 eine Schule, denn seitdem ist ein Küster im Ort nachweisbar. Zu Zeiten des Henrich Pape war dies Lüer Mehrtens, der seinen Dienst von 1765 bis 1785 verrichtete. Das alte Schulhaus, in welchem Samuel Christian Pape gewiss einmal mit seinem Vater gewesen ist, wurde 1730 im Stil eines niedrigen Bauernhauses gebaut.

Die Pfarrerskinder im Orte Wulsbüttel gehören sicher einer besonderen Spezies an: freilich müssen auch sie beizeiten ihren Eltern in Haus und Hof zur Hand gehen, zu tun gibt es allzeit genug. Keinesfalls jedoch werden sie dermaßen als Arbeitspotenzial eingeplant und –wir wagen es zu sagen: ausgebeutet!– wie ihre Altersgenossen, die Kinder der Bauern und Handwerker, mit denen sie wahrscheinlich gar keinen oder kaum Kontakt hatten, denn es ist äußerst zweifelhaft, ob sie die Sprache der Einheimischen beherrschten, das Niederdeutsche oder Plattdeutsche.

Außerdem sind sie Zugezogene! Wenn auch aus dem unweiten Lesum.

In schneller Folge wird die Familie größer: zu den beiden ältesten Johann (*1772) und Samuel Christian gesellen sich Meta Rebekka (*1776), Juliane Judith (*1777) und schließlich Luise Margarete Henriette (*1781). Die Hauptlast der Hausarbeit, Erziehung und Ernährung der Familie, womöglich Viehhaltung und Gartenarbeit, trug die Pfarrersfrau, die damit, wir können es uns gut vorstellen, überfordert war, selbst wenn ihr Knecht und Magd zur Seite standen.

Ihr Mann hatte offenbar höhere Absichten. Nach einer Zeit der Eingewöhnung in die Pfarr- und Gemeindearbeit beginnt er eine ausgiebige Tätigkeit im Verfassen theologischer Schriften, womit er sich im regionalen Raum durchaus einen Namen macht.

Ab 1776 erscheinen eine ganze Reihe von Werken aus seiner Feder: das „53ste Kapitel Jesaiä übersetzt und erklärt" (1777), das „Evangelium Lucä umschrieben und erläutert" in zwei Teilen (1777, 1781), ein „Handbuch zum richtigen Verstande und nutzbaren Gebrauche der Sonn- und Festtagsevangelien und Epistel" sowie diverse Predigten (alle 1781).

So wachsen denn Samuel Christian und seine Geschwister in einem gelehrten Elternhause heran. Die Bauern im Dorf werden nicht selten über den sonderbaren Pastor den Kopf geschüttelt haben, der nicht nur lesen und schreiben kann, sondern auch noch gelehrte Abhandlungen drucken lässt und aus fremden, alten Sprachen übersetzt. Wozu soll das denn gut sein? Naja, die Hauptsache ist, er gibt uns seinen Segen! Ob er das wohl in der Landessprache Niederdeutsch (Plattdeutsch) konnte? Das ist stark zu bezweifeln!

Vielleicht hat sich Samuel Christian in Wulsbüttel nicht wohl gefühlt, sicher eher fremd unter den Bauernkindern. Aber irgendwie müssen nun mal auch die Pfarrerskinder in dieses Dorf hinein passen. Wie gut dies gelang, wissen wir nicht. Was wir aber sagen können ist, dass diese Gegend in seinem späteren dichterischen Werk offenbar keine Spuren hinterlässt.

Wurde sein Vater für ihn zum unerreichbaren Ideal, dem er ein Leben lang nacheiferte? Und wie war wohl das Verhältnis zur Mutter in diesen frühen Jahren, von der sich sein Vater später, Samuel Christian war mittlerweile 20 Jahre, hat scheiden lassen. Die Wurzeln für all das, was später einmal geschehen wird, müssen ja schon hier in Wulsbüttel liegen.

Doch davon später.

Wir dürfen annehmen, dass der junge Wulsbütteler Pfarrer, der Henrich Pape, nichts vom neuen Geniekult seiner Zeit, dem Sturm und Drang, hielt. Immerhin hatte Johann Wolfgang Goethe gerade seinen „Götz von Berlichingen" (1773) und im Geburtsjahr unseres zukünftigen „Heidedichters" dann „Die Leiden des jungen Werther" veröffentlicht und war quasi über Nacht berühmt geworden. Eher schon wird er sich zum schwärmerischen Hainbund und dem von dessen Bundesbrüdern verehrten Klopstock, dem Autor des „Messias", hingezogen gefühlt haben.

Herders religiöse Schriften der 70er Jahre, des Amtsbruders in Bückeburg, später dann in Weimar, wird er gekannt, aber wohl nicht geschätzt haben. Sie kamen ihm zu überschwänglich und bruchstückhaft vor. (Später würde man sie dem Sturm und Drang zuordnen.) Die ganze gelehrte Welt der Theologie und manch anderer Wissenschaft gab sich ein Stelldichein in Pfarrer Papes Kabinett, seine Bibliothek wuchs langsam, aber stetig, um vor dem verheerenden Visselhöveder Brand 1795 gut 3500 Bände zu zählen! Das bedeutet, dass er im Durchschnitt jedes Jahr 175 Bücher erworben hat, also 15 pro Monat! Er wird sich vermutlich einige Tiraden seiner Frau hat anhören müssen, wie das zu allen Zeiten vorkam, wenn das Geld, statt in die vielköpfige Familie zu fließen wieder einmal für teure Folianten ausgegeben wurde.

Sicher gehörte er nicht in die erste Reihe der theologischen und philosophischen Köpfe in den deutschen Provinzen. Er konnte und wollte nicht konkurrieren mit Leuten wie Herder, Lessing, Möser, Mendelssohn, Hamann, Gerstenberg, Kant und wie die großen Geister noch alle hießen, die um die Würde des Menschen rangen und seinen Platz in dieser Welt bestimmen wollten.

Dafür wusste Henrich Pape genau, wo sein Platz im Leben war: das Wort Gottes in all seinen Ausprägungen seinen Mitmenschen nahe zu bringen, dies war sein Anliegen. Schriftstellerischer und wissenschaftlicher Ruhm waren ihm fremd.

In dieser Atmosphäre wächst Samuel Christian heran. Ihm bleibt nicht verborgen, dass sein Vater ein geachteter Theologe ist. Fast täglich kommen Buchsendungen aus allen deutschen Landen ins Haus, werden Korrespondenzen geführt, gelegentlich Gäste empfangen, wie es bei produktiven geistigen Köpfen so zuzugehen pflegt.

Eine Schule gibt es im bäuerlichen Wulsbüttel zwar, selbstverständlich aber übernimmt der Vater die Einführung in die Anfangsgründe des Rechnens, Lesens und Schreibens für seine Söhne. Er ist ohnehin an Wissen dem durchschnittlichen Schulmeister weit überlegen.

Im Jahre 1783 schließlich tritt der allseits geachtete Pfarrer und bewunderte Theologe die Pfarrstelle in Visselhövede an. Mit seiner Frau und den fünf Kindern kommt der regional berühmte und geschätzte Mann im Heideflecken an – und mit einer beträchtlichen Anzahl an Büchern.

Der Flecken in der Lüneburger Heide

Es spricht sich selbstverständlich in Windeseile herum: der neue Herr Pfarrer, 38 Jahre alt, ist ein gelehrter Mann, der sogar in Bremen drucken lässt. Die allermeisten der hiesigen Einwohner sind des Lesens und Schreibens unkundig, ein separates Schulgebäude existiert nicht. Im Jahre 1773 zählte der Flecken 58 Häuser, drei Jahre nach Amtsantritt des Henrich Pape zählte man für die Amtsvogtei Visselhövede stolze 221 gewerblich Tätige. Somit dürfen wir vermuten, dass Pastor Pape etwa vier- bis fünfhundert Seelen zu betreuen hatte.

Partner zum gelehrten Diskurs wird er im Ort schwerlich gefunden haben, er wird sich, wie auch früher schon, zum Zwiegespräch in seine weiter anwachsende Bibliothek zurückgezogen haben, soweit dies seine Amtsgeschäfte zuließen.

Sein missionarischer Eifer war nichts weniger als erloschen. Seine Abschiedspredigt in Wulsbüttel ebenso wie die Antrittspredigt in Visselhövede hatte er gewissenhaft und exemplarisch ausgearbeitet und von der Kanzel verkündet. Sie erscheinen ein Jahr später gedruckt in Bremen unter dem Titel:"Zwo Predigten, bei Amtsveränderungen gehalten".

Pastor Papes Kinder werden es anfangs nicht leicht gehabt haben im Flecken. Im Pfarrhaus gibt es mancherlei kleinen und größeren Luxus, der den Visselhöveder Gassenkindern völlig fremd ist. Die meisten Gleichaltrigen kennen außer Bibel und Gesangbuch nichts Gedrucktes, ihre Kleidung kann sich nicht entfernt mit derjenigen der Pastorenkinder messen und wohlhabende bzw. einflussreiche Verwandte im großen Bremen haben sie schon gar nicht.

Aber es gibt auch einige Honoratioren am Ort, deren Umgang dem gebildeten Kirchenmann nicht unangenehm gewesen sein mag, wenn auch ihre geistigen Interessen in andere Richtungen gingen.

Da war zum einen der Bürgermeister Johann Cord Böttger, der die Geschicke des Fleckens leitete. Ihm zur Seite stand der Amtsvogt Heinrich Friedrich Wedekind, dessen Sohn eben gerade im Jahr zuvor an die Universität zu Helmstedt abgegangen war. Er sollte später ein bekannter Historiker werden, wir hören noch von ihm.

Auch der Kaufmann Johann Heinrich Küper beweist Weitsicht, indem er seinen Sohn Heinrich Martin an das Lyceum zu Verden schickt.

Diese Männer, dazu die Ratsherren und vielleicht ein Arzt, das mag der tägliche Umgang des gelehrten und frommen Pastors und damit auch seiner Familie gewesen sein, insbesondere des kleinen Samuel Christian.

Wie sieht aber wohl das Alltagsleben dieses kleinen Neuheidjers aus? Wohin hat ihn das Schicksal verschlagen?

Nun, gar so düster, wie Arno Schmidt uns glauben machen will, brauchen wir uns Visselhövede und seine Umgebung wahrlich nicht vorzustellen. Der gleiche Charme, den die – zugegeben etwas spröde – Heide- und Wacholderlandschaft heute auf Hunderttausende Touristen ausübt, mag auch den heranwachsenden Samuel Christian betört haben.

Und überhaupt: der Flecken hatte etwas Besonderes an sich, etwas Geheimnisvolles, Mystisches. Es gibt alte Geschichten, denen der Knabe erregt lauscht: wie der katholische Pater Arnoldi zur Zeit des Dreißigjährigen Krieges im Paterbusch erschlagen wurde; von den furchtbaren Feuersbrünsten, die den Flecken in den letzten hundert Jahren dreimal heimsuchten, wobei auch das Pfarrhaus (!) abbrannte; und noch keine dreißig Jahre war es her, da starb wahrhaftig der Pastor Diekmann an den Folgen der barbarischen Franzosenbesatzung im Siebenjährigen Krieg – so jedenfalls erzählen es die älteren Einwohner.

Dann wieder malt er sich in seinen Träumen die glänzende Kettenburg aus, die eine knappe Stunde Fußweg entfernt lag. Und immer wieder kreisen seine Gedanken um den geheimnisumwitterten Kirchhof. Hier stehen die noch vorhandenen Gräber der Amtsvorgänger seines Vaters als Symbol der Vergänglichkeit.

Allein der massige Kirchenbau muss für den kleinen Samuel Christian riesig ausgeschaut haben und ehrfürchtig wird er sich im Inneren des Gotteshauses bewegt haben.

Die Visselquelle gleich daneben zieht den Knaben magisch an, gleichzeitig schaudert ihm vor der Tiefe des Sees. Immer wieder hört man Gerüchte von ertrunkenen Kindern, denen er bereitwillig Glauben schenkt.

In der vielköpfigen Familie sind die beiden ältesten Brüder natürlich für die jüngeren Geschwister mit verantwortlich, das ist gerade in der Pastorenfamilie ein Eckstein der Erziehung. Sie sind ein Beispiel für den ganzen Flecken. Außerdem müssen die Knaben sich beizeiten für höhere Aufgaben bilden. Sie werden später nicht in der Landwirtschaft tätig sein, ja, sie werden auch nicht wie die große Mehrzahl ihrer Visselhöveder Altersgenossen ihr Leben lang im Flecken bleiben.

Mag sein, dass Samuel Christian schon in diesem zarten Alter etwas von der Unrast gespürt hat, die ihn später noch oft genug erfasste. Aber ist denn das ein Wunder? Haben sich nicht vor und nach ihm so manche Pfarrerssöhne mit dem Leben schwer getan, zumal jene, die eine schöngeistige Ader in sich spürten?

Wie lange hatte es gedauert, bis Lessing endlich die Bibliotheksstelle in Wolfenbüttel bekam?

Wie viel Mühe hatte es Bürger gekostet, seine Angehörigen davon zu überzeugen, dass er nicht Pastor werden könne?

Von Lenz ganz zu schweigen, der seit seinen Genie-Jahren nur mehr hart am völligen Zusammenbruch dahinlebte.

Zwischenjahre in Bremen

Es sind gerade zwei Jahre vergangen, da schickt Henrich Pape seine beiden Ältesten auf die Bremer Domschule. Zwar ist das Verdener Lyceum näher am Flecken und einen guten Ruf hat es obendrein. Aber in Bremen leben schließlich die Verwandten, die allemal für eine bessere Erziehung sorgen werden.

1785 also müssen sich Johann und Samuel Christian Pape schon wieder von Visselhövede verabschieden, denn etwas Vernünftiges lernen müssen sie und das geht im Flecken nicht. Sie wohnen beim Großvater Johann, dem Notar und werden für die nächsten sechs Jahre in der Stadt leben.

In den Ferien jedoch, so darf man vermuten, fahren sie gerne zurück in den Heimatort.

Heimat?

Gab's das überhaupt für Samuel Christian Pape?

In Wulsbüttel war er noch zu klein, um Wurzeln zu schlagen, Visselhövede musste er, kaum dass er den Ort lieb gewonnen hatte, verlassen. Und Bremen ist für einen, der träumerisch und melancholisch auf der Suche nach seinem inneren Paradies ist, entschieden zu groß.

Ja, der kleine Johann Wolfgang aus der Familie des Kaiserlichen Rates Goethe, der ist im Handelszentrum Frankfurt am Main aufgewachsen, der fühlte sich in den Städten und an den Höfen zu Hause, wie ein Fisch im Wasser.

Ein Samuel Christian Pape braucht die Natur, das Land, den verwunschenen Kirchhof. Er wird jedes Mal froh gewesen sein, nach Monaten des Lateinbüffelns, der Arithmetik und Geometrie sowie des Bibelstudiums wieder einmal mit der Postkutsche Richtung Osten unterwegs zu sein. Und spätestens wenn die Spitze des Verdener Doms hinter ihm zurückblieb, wird sein Herz aufgegangen sein.

Hier in Visselhövede wurde er Zeuge eines erstaunlichen Aufschwungs, bescheiden zwar, doch unübersehbar.

Mit gutem Recht dürfen wir annehmen, dass Henrich Pape seinen Einfluss im Flecken in sehr günstiger Weise geltend gemacht hat. Denn das eine große Projekt betrifft eine grundlegende Restaurierung bzw. Erweiterung seines Gotteshauses. Im Jahre 1786, bereits drei Jahre nach Papes Amtsantritt wird an der Nordseite des Kirchenschiffes ein Anbau geschaffen.

Das kann kein Zufall sein! Hier ist die tatkräftige Handschrift eines Menschen zu sehen, der nicht nur reden und die besten Gedanken drucken lassen will, sondern auch etwas bewirken und aufbauen.

In den nächsten Jahren legt er ein Inventarium, ein Lagerbuch der Kirche an, außerdem kommt es zur Erneuerung der Kanzeldecke. Und schließlich wird in den frühen 90er Jahren im Garten der zweiten Pfarre in der Schäferstraße ein Schulgebäude errichtet und damit endlich ein würdiger Rahmen für die Bildung der Jugend geschaffen.

Alle diese kleinen und großen Veränderungen bemerkt erstaunt auch der junge Samuel Christian, wenn er wieder einmal für die Zeit der Schulferien nach Hause kam. Er ist der Vorzeige-Sohn in der Familie. Mit bereits erstaunlichem rhetorischen Talent begabt ist er vom Vater schon frühzeitig zum Beruf des Pastors auserkoren.

Leider bemerkt der Sohn bei seinen Besuchen ebenso eine deutliche Abkühlung des Verhältnisses seiner Eltern untereinander. Vielleicht war es niemals eine mustergültige Ehe gewesen, aber solche Spannungen, wie sie neuerdings herrschten, verhießen nichts Gutes.

In seiner freien Zeit zu Hause beginnt Samuel Christian die Umgebung des Pfarrhauses zu durchstreifen. Der Flecken ist nicht groß, nach wenigen Schritten befindet er sich auf Feld und Heide oder im schattigen Wald. Welch ein Unterschied zur Steinwüste Bremen.

Er gesellt sich zu den wortkargen Schäfern auf der Heide, beobachtet die Bauern bei ihrer schweißtreibenden Arbeit auf dem Acker. Aber irgendetwas lässt ihn nicht zur Ruhe kommen. Er weiß genau, dass er nicht zu diesem Kreis Menschen gehören kann, er ist nur zu Besuch dort. Er sehnt sich nach einem festen Platz im Leben, etwas, was für ihn offenbar momentan nicht zu erreichen ist.

Im Jahre 1789 kommt es auf dem Kirchhof zu einem merkwürdigen Ereignis: die Grabstelle eines früheren Pastors stürzt ein. Solche Vorkommnisse bieten auf allen Friedhöfen der Welt Anlass genug für Mutmaßungen und Befürchtungen.

Während die Obrigkeit eiligst Gerüchte dementieren lässt, die Französische Revolution käme nun auch nach Visselhövede, wissen die einfachen Fleckenbewohner: es braut sich etwas zusammen, das kann kein gutes Zeichen sein (nach dem Brand 1795 will es jeder gewusst haben, der Einsturz des Grabes war ein Vorzeichen!).

Auch für Samuel Christian ist dies ein weiteres Zeichen für die Vergänglichkeit des Lebens. Er hat jedoch keine Angst vor dieser düsteren Stätte, im Gegenteil, jetzt zieht es ihn erst recht zum Kirchhof und zur Visselquelle.

So vergehen die Jahre. Während der Knabe heranwächst, mehr in Bremen als in Visselhövede, ist der Vater in seiner Gemeinde unermüdlich tätig. Er hat sogar noch Zeit, einige Schriften in Druck zu geben, unter anderem ein „Christliches Glaubensbekenntnis für Confirmanden" (1786, 2.Auflage 1790), ein „Tägliches Gebetbüchlein, insonderheit für Christen auf dem Lande" (1786), dann eine „Dankpredigt auf die Genesung des Königs von England" (1789, alle Bremen) sowie die „Kleine Konkordanz über das Bremen- und Verdensche Gesangbuch" (Stade 1790), von Aufsätzen, Predigten und kleineren Beiträgen ganz zu schweigen. Und dann ist er ja vor allem mit sieben Liedern im „Gesangbuch für die Herzogthümer Bremen und Verden" (1789) vertreten, neben so illustren Namen wie Klopstock und Gellert, Luther und Paul Gerhardt.

Die schönste Zeit: wieder in Visselhövede

In das Haus dieses Mannes kehrt Samuel Christian 1791 von der Domschule Bremen als 17jähriger zurück, im gleichen Jahr, in dem der berühmte Freiherr Adolph von Knigge als hannoverischer Oberamtmann und Scholarch an diese Lehranstalt kommt.

Wer weiß, wie Papes Leben verlaufen wäre, wenn er unter den Einfluss dieses Mannes geraten wäre.

Einerseits ist er stolz, ein Pape zu sein, er bewundert seinen Vater für seine Tatkraft und Belesenheit, für seine Beständigkeit und sein Beharrungsvermögen. Andererseits fragt er sich oft, ob er jemals das Leben meistern wird im Schatten eines solchen „Bildungskolosses". Er ist sich da nicht so sicher, aber Henrich Pape lässt keinen Zweifel aufkommen: alles läuft seinen geplanten Weg, als nächstes wird er den Sohn im Hebräischen unterrichten, damit er in einigen Jahren auf die Universität zum Theologiestudium gehen kann. Dieser Mann ist ein Übervater, sich ihm anvertrauen bedeutet, sich selbst aufgeben...

Der ältere Bruder Johann hat übrigens mittlerweile das Jurastudium in Jena aufgenommen. Er ist aus anderem Holz geschnitzt, gar nicht poetisch veranlagt, weder grüblerisch noch romantisch. Er strebt den Beruf des Juristen an.

Sehr wahrscheinlich hat Samuel Christian Pape während der drei Jahre, in denen er sich nun in Visselhövede aufhält, dem Vater in vielen kleinen Arbeiten assistiert. Bibelfest wird er längst gewesen sein, vielleicht hat der Vater ihn beauftragt, die eine oder andere Predigt auszuarbeiten. Höchst-wahrscheinlich hat er auch im eben fertiggestellten Schulgebäude als Hilfslehrer gewirkt. Er gilt im Flecken als Nachfolger des Herrn Pastor, ein junger Mann mit dem Kopf voller Bildung, dass den einheimischen Bauern schwindlig wird. Aber ganz so einfach stellt sich die Sache für Samuel Christian nicht dar. Ihn beginnt die unsichtbare Mauer zu quälen, die ihn von den einfachen Menschen trennt. Alles, was er vom Leben weiß, hat er aus Büchern gelernt, in der Schule in Bremen, in der Bibliothek seines Vaters, die er mittlerweile mit verwaltet und pflegt.

Man spricht Latein, man diskurriert und polemisiert, man predigt und überzeugt – aber er handelt nicht. Gewiss, der Vater hat schon viel Gutes im Flecken bewirkt und die Bewohner danken es ihm herzlich. Aber ihm, Samuel Christian, fehlt der Geruch der Erde und des Schweißes. Die harte körperliche Arbeit der Bauern fasziniert ihn, nicht nur der Geist, auch der Körper fordert sein Recht.

Aber er weiß es leider zu genau: niemals wird er diesen inneren Zwiespalt überwinden können: er ist und bleibt ein Mann des Intellekts.

Und als sei all dies noch nicht genug für den Kopf eines Heidjerjünglings, braut sich auch noch häusliches Unglück zusammen. Der Vater lässt sich von Luise Margarete Henriette scheiden und heiratet 1794 seine eigene Haushälterin, die Marie Sophie Bartels aus Rethem, deren Vater immerhin Regimentschirurg im Infanterieregiment von Scheither ist. Sie war auch schon seit Jahr und Tag für die Erziehung und Pflege der Kinder zuständig. Ja, die Vergänglichkeit im Leben...

Über die Gründe, weshalb es zur Scheidung kam, ist manches gerätselt worden. Für Arno Schmidt waren sie

„heute nicht mehr durchsichtig". D. Plep (Bargfelder Bote 1992) glaubt, Margarethe Luise Henriette Pape, geborene Lappenberg, habe Suizid begangen, woraufhin Henrich Pape den Stab über seine Kinder aus dieser Ehe gebrochen habe. Es ist wohl auch denkbar, dass die Ehefrau ins Elternhaus bzw. zum Bruder entlief, nachdem sie das Verhältnis ihres Mannes mit der Haushälterin entdeckte.

Sicher verglich Margarethe Lappenberg ihren Ehemann Henrich Pape ständig mit ihrem eigenen tüchtigen Vater, dem weltoffenen Samuel Lappenberg, der auch einen regen Briefwechsel mit Lavater unterhielt. Dabei musste ersterer unterliegen, denn Papes Selbst-verständnis als Geistlicher ließ eine ausschwei-fende Beschäftigung mit weltlichem Schrifttum wohl nicht zu. Vielleicht versuchte Margarethe Lappenberg, ihren Mann zu wissenschaftlichem Ruhm und Ehren anzutreiben, weil sie ähnliches vom Vater und von den Brüdern gewohnt war.

Jedenfalls scheinen beide Eheleute von Grund auf verschiedene Lebenspläne besessen zu haben.

Aber ein Gutes hat die ganze Sache: alle lieben die Stiefmutter, sie war längst die gute Seele im Haus gewesen. Wie wir noch sehen werden, ist es gut möglich, dass der stattliche Pastorensohn sich sogar in diese Frau verliebt hatte. Ja, selbst dass diese platonische Liebe erwidert wurde, erscheint nicht gar so abwegig.

Immer wieder aber wird Samuel Christian aufs Neue klar: es gibt keine Ruhe im Leben für einen wie ihn. Alles ändert sich ständig – und zur Bekräftigung dessen beginnt er Verhaltensweisen, die sich nach Auskunft seiner Mitmenschen sein Leben lang beibehalten: er wechselt von sich aus Mobiliar und Kleider, tauscht Bücher ein und zurück, verkauft Kleidung, um neue zu kaufen.

Kurz: er bildet seine innere Unruhe nach außen ab durch stetigen Wechsel seiner Umgebung.

Zu allem Überfluss beginnt sich in seinem Herzen die Liebe zu einem gleichaltrigen Mädchen zu regen.

Nun ist seine Verwirrung grenzenlos: kann man einen fremden Menschen mehr lieben als sich selbst? Und konnte es eine Zukunft für diese Zuneigung geben? Wohl kaum!

Denn es ist abgemachte Sache: zu Michaelis 1794 wird Samuel Christian Pape auf die Universität zu Göttingen ziehen. Er ist nun zwanzig Jahre alt, an Heirat oder Liebschaft ist gar nicht zu denken. Erst kommen die Lehrjahre und bevor ein Mann keine Familie ernähren kann, kommt keine Verbindung zustande.

Auch in diesem Punkt unterscheidet sich sein Lebenslauf von dem der Bauern- und Handwerkerssöhne: jedenfalls die ältesten Söhne haben Anspruch auf das väterliche Erbe, das Handelshaus oder den Hof. Da sind frühe Heiraten durchaus keine Seltenheit. Ein Pastorensohn muss sich ganz allein durchs Leben schlagen und sich – mit Gottes Hilfe, versteht sich! -profilieren. Vielleicht wird er dereinst die gewaltige Bibliothek seines Vaters erben!

Angesichts all solcher Gedanken – und womöglich dumpfer nächtlicher Träume ähnlicher Art – können wir uns gut vorstellen, wie herzzerreißend und melancholisch die Liebe zu Friederike W. sich gestaltete, zumal die Angebetete obendrein unheilbar schwindsüchtig ist.

Dass wir ihren vollen Namen vom Liebhaber nicht erfahren, wird guten Grund haben. Samuel Christian wird ihn für sich behalten haben, um ihren guten Ruf zu schützen und auch die Nachwelt lüftete diesen Schleier lange nicht. Kaum jemand im Flecken wird die wahre Gesinnung der Liebenden gekannt haben. Beide konnten es sich nicht leisten, ins Gerede zu kommen.

Vielleicht hat man sie aber doch auch zusammen gesehen, ohne argwöhnisch zu werden. Denn diese Friederike W. war keine andere als Sophia Louise Wilhelmine Wedekind, die Tochter des Amtsvogts Hinrich Friederich Wedekind und Schwester von Anton Christian Wedekind. Mit dieser Familie hatten die Papes täglich Umgang. Selbst wenn sich die beiden ineinander verliebt hätten, müsste es nicht unbedingt auffällig gewesen sein! Pape gibt ihr zärtlich den Namen Friederike.

Hat Samuel Christian Pape bereits in diesen letzten Visselhöveder Jahren begonnen, Gedichte zu schreiben? Diese Frage dürfen wir mit einigem Recht bejahen, wenn auch die ersten Arbeiten aus dem Jahre 1796 stammen, d.h. durchaus im Verlaufe des 1795er Jahres entstanden sein werden. Auch berichtet Karl Reinhard, der neue Herausgeber des „Göttinger Musenalmanachs" und Papes Mentor in Dichter-fragen:"Nicht lange nach seiner Ankunft schrieb er an mich, und teilte mir mehrere Gedichte mit, über welche er mein Urteil verlangte."

Zwar wurde auf Reinhards Veranlassung vieles umgeschrieben, zu hölzern, zu klischeehaft mögen Papes Gedichte gewesen sein. Einiges davon wird er jedoch bereits mit nach Göttingen gebracht haben. Zum Dichter berufen fühlte er sich in Visselhövede keinesfalls, eher war das Verfassen von Gelegenheitsversen Ausdruck seiner allgemeinen schwärmerischen und unsteten Gesinnung.

Sicher wird er, wie so viele Jünglinge damals, Klopstocks „Messias" verschlungen haben, dann McPhersons „Ossian"- Übersetzungen. Auch mag wohl eine Lesegesellschaft wie in vielen Orten in der damaligen Zeit so auch in Visselhövede gegründet worden sein, die wir uns ohne Pastor Pape kaum vorstellen können.

Dessen Kirche war fein renoviert, das Schulwesen hatte durch das Gebäude in der Schäferstraße einen mächtigen Auftrieb erfahren. Johanns Juristenausbildung ging ihrem Ende entgegen und nun kam Samuel Christian an die Reihe, der bestens präpariert, mit fundierten Kenntnissen im Lateinischen und Hebräischen sowie allem übrigen Wissen, welches für einen angehenden Pastor wichtig ist, getrost nach Göttingen ziehen konnte. Im Hause blieben die beiden Töchter Metta Rebekka und Juliane Judith – und die liebe Frau. Mit fast fünfzig Jahren fühlte sich Henrich Pape keinesfalls zu alt für einen Neuanfang.

Auf der Universität in Göttingen

Mit zwanzig Jahren also beginnt das große Abenteuer für Samuel Christian Pape. Er geht auf die Universität nach Göttingen.

Besonders schwer fällt ihm der Abschied von der unheilbar kranken Friederike Wedekind. Sie wird im gleichen Jahr an einem düsteren Novembertag sterben. Auch die Stiefmutter, deren Schwangerschaft nicht mehr zu übersehen ist, wird er vermissen und – natürlich- den Kirchhof mit dem Visselteich, die Heidelandschaft rund um Visselhövede mit den Heidschnucken.

Dass er vom Vater loskommt, ist ihm dagegen gerade recht. Mit seinem allgegenwärtigen Wissen und seiner Lebensweisheit erdrückt er jeden eigenen Trieb.

Die Georgia Augusta, die Universität zu Göttingen, war in jener Zeit eine der führenden Bildungsstätten Europas, an der bedeutende Gelehrte die Jugend unterwiesen. Samuel Christian Pape als Kandidat der Theologie würde es vor allem mit den Professoren für Orientalistik Johann Gottfried Eichhorn, Kirchenhistorie Jakob Gottlieb Planck, Philosophie Johann Georg Heinrich Feder und Christoph Meiners sowie klassische Philologie Christian Gottlob Heyne zu tun bekommen.

Was für Namen in ihrer Zeit! Welche geballte Gelehrsamkeit an diesem Erdenflecken!

Und damit nicht genug: auch bei Georg Christoph Lichtenberg und dem Mediziner und Naturforscher Johann Friedrich Blumenbach hört Pape Vorlesungen. Und kein Ende der Berühmtheiten und verheißungs-vollen

Nachwuchskräfte: Büttner, Gatterer, Heeren, Kästner, Schlözer, Wrisberg, von Ammon, Stäudlin...

Besonders wird Pape den erstaunlichen Aufstieg eines Bremers, ebenfalls Sohn eines Geistlichen, verfolgt haben, dessen Name bereits während seiner Zeit an der Bremer Domschule sicher des öfteren gefallen ist: Arnold Heeren, geboren 1760 in Arbergen – wie übrigens Heinrich Olbers zwei Jahre früher, dem wir später als Astronomen im Zusammenhang mit der Lilienthaler Sternwarte begegnen werden.

Vermutlich hat er sogar Vorlesungen bei Heeren gehört und sich ihm als Enkel Lappenbergs vorgestellt. Arnold Heerens große Zeit sollte zwar erst noch kommen, aber hinter Gatterer und Schlözer war er bereits die treibende Kraft in der damals überaus fruchtbaren Geschichtswissenschaft. 1794 wurde er ordentlicher Professor der Philosophie, 1801 Professor der Geschichte. Während Papes Aufenthalt in Göttingen verheiratete sich Heeren mit der Tochter des Hofrats Heyne, bei welchem Pape klassische Philologie hörte. Damit hatte es der damals 36jährige Professor geschafft, bis in den innersten Zirkel der Gelehrsamkeit vorzudringen. Beziehungen und Geschäftigkeit, natürlich auch Talent und Fleiß, würden ihn an die Spitze der Göttinger intellektuellen Hierarchie bringen.

Nun ist Göttingen gewiss nicht nur die Stadt der Wissenschaften und der Bildung. Zahlreiche Parks und Gärten laden gerade auch die Herren Studenten zum Verweilen ein. Neben dem Genuss des überaus beliebten Bieres und einer derben Mahlzeit gehört das Kegeln zu ihren Lieblingsbeschäftigungen. Selbstverständlich promeniert man regelmäßig auf dem Wall, schon allein, um die neuesten Gerüchte zu erfahren, aber mehr noch, um die schönen Mademoiselles zu bewundern.

Samuel Christian ist da durchaus kein Kostverächter, wie wir ja aus seinen eigenen Schilderungen wissen. Er beschäftigt sich jedoch ebenso fleißig mit seinen Studienfächern und nimmt die außerordentlichen Möglichkeiten der Göttinger Bibliothek wahr.

Natürlich interessiert ihn die Sammlung südländischer Merkwürdigkeiten im Museum, die der Arabienreisende Carsten Niebuhr vor gut 25 Jahren mitbrachte.

Bei schönem Wetter waren Ausflüge zu Fuß oder mit dem Wagen in die umliegenden Dörfer beliebt, etwa nach Wehnde, wo eine schattenspendende baumbestandene Allee hinführte, oder nach Grohnde, wo es eine vorzügliche Kegelbahn gab.

Aber der Sohn des Heidepastors lässt sich nicht allzu häufig ablenken. Er wirft sich auf die Theologie und ihre Hilfswissenschaften, als da sind: Orientalistik, die Rhetorik und die Geschichte. Er macht es nicht wie Goethe, Bürger oder Lenz, die in mehreren Anläufen jedes Mal meinten, nun endlich die rechte Fakultät gefunden zu haben.

Erstens kann er es sich gar nicht leisten, länger als nötig das kostbare Geld des Vaters zu verzehren, der schließlich drauf und dran ist, seine „neue" Familie zu vergrößern. Und zweitens ist er nicht der Genietyp. Außerdem ist die Zeit dieser Jünglinge des Sturm und Drang vorbei.

Nur die Nebenstunden, die widmet Samuel Christian Pape der Dichtkunst. Und da erhebt sich denn doch die Frage, warum der junge Theologiestudent sich eigentlich mit der Poesie beschäftigt?

So banal diese Fragestellung auf den ersten Blick scheint, so lohnt doch eine eingehendere Betrachtung. Jeder junge Dichter hat doch seine Schlüsselerlebnisse und Motive, die ihn auch gegen widrige Umstände antreiben, dem innerlich Geschauten Form und Gestalt zu geben.

Ein Friedrich Schiller etwa zieht aus dem unermesslichen Hass gegen seinen persönlichen Tyrannen, den Herzog von Württemberg, den Stoff für die „Räuber".

Und Johann Wolfgang Goethe ist besessen davon, dem Deutschen Vaterlande endlich sein nationales Drama in seinem „Götz von Berlichingen" zu geben.

Nun muss man freilich einwenden, dass Samuel Christian Pape keine großen Werke schaffen, sondern lediglich einige Gedanken in poetische Form bringen wollte.

Aber schließlich tat er das ja nicht nur im stillen Kämmerlein nur für sich!

Man zeige mir den dichterischen Menschen, der sich nur mal so ein wenig von der Muse küssen lässt, ohne jeglichen Anspruch an sich zu stellen.

Nein, es liegt doch wohl in der Psychologie des Schaffenden, dass er sein Werk der Welt präsentieren will – ja, er fordert geradezu ein Urteil, um sich, oft auf selbstquälerische Weise, seinen Weg herauszumeißeln, sei er auch noch so steinig. Nicht selten geht es dabei bis zur Selbstverleugnung!

Und genau dies tut unser Pape: kaum in Göttingen angekommen, vielleicht nach kurzem inneren Ringen, schreibt er an Karl Reinhard, der gerade eben die Herausgabe des „Göttinger Musenalmanachs" übernommen hat und schickt ihm mehrere Gedichte, von denen er vermutlich einige schon in Visselhövede verfasst hat. Er stellt sie aber nicht als die seinen vor, sondern als die Arbeiten eines Bekannten.

Das bedeutet ja wohl, dass er einerseits Angst hat vor dem Urteil eines Experten, ja, Angst vor Ablehnung. Andererseits aber hofft er, wie alle Künstler, auf Zustimmung, auf Ermunterung zum Weitermachen.

Allerdings haben wir damit unsere ursprüngliche Frage noch nicht beantwortet: warum dichtet Samuel Christian Pape?

Da heißt es einmal, das Talent zu dichten sei ihm in die Wiege gelegt: sowohl sein Vater als auch der Großvater mütterlicherseits hätten Bedeutendes für den lokalen Raum und darüber hinaus geleistet.

Das stimmt: nur hat der Großvater keinen Hang zur Schriftstellerei gehabt und Henrich Pape hat Kirchenlieder geschrieben, denen man zwar ein gewisses Gefühl für Metrum und Rhythmus nicht absprechen kann, aber es ist gewissermaßen Gebrauchslyrik ohne allzu große Ambitionen.

Die beiden ersten ersten Strophen des Liedes 898 aus besagtem Gesangbuch, zum Exempel, lauten:

> „O großer Gott, o Herr der Welt,
> Beherrscher aller Thronen,
> Der alle Macht in Zügel hält,
> Du Herr der Nationen!
> Schwer und beklommen heben wir
> Jetzt unser Herz empor zu dir
> Bei nahen Kriegesstürmen.
>
> Ach Gott, wir sehn von ferne schon

> ein Kriegsdrangsal wittern,
> Die Mächtigen auf Erden drohn;
> Und wieviel Länder zittern!
> Sie drohen Krieg, und fürchterlich
> Ziehn manche Kriegsheere sich
> Wie Wolken schon zusammen."

Ganz sattelfest scheint der Herr Pastor im Metrum nicht gerade zu sein, abgesehen von allzu spröden Lösungen wie etwa „Na – ti – o – nen" in der ersten Strophe. Gern schließen wir uns der Meinung von W. Fitschen an, der schon vor vielen Jahren schrieb:

> „Heinrich [sic!] Pape war ein Kind seiner Zeit. In unserem jetzigen alten und neuen Gesangbuch ist Heinrich Pape wie sein Amtsbruder Pratje nicht vertreten, und das mit Recht."

Billigen wir dem Samuel Christian also ruhig einen genetischen Anteil an seinen Beweggründen, zur Feder zu greifen zu, so wird ihn der Vater kaum angeregt haben, weltliche Gedichte zu schreiben. Nein, ich denke, um an seine ureigensten Motive heranzukommen, müssen wir Papes persönliche Schwachstellen aufdecken, seine unerfüllten Sehnsüchte, seine Niederlagen und Leiden.

Seine von seinen Zeitgenossen verbürgte Unruhe verbunden mit Phasen der tiefen Melancholie mögen mancherlei Ursache haben. Schauen wir uns nur seinen bisherigen Lebensweg an: er ist zwanzig Jahre alt und hat nirgends länger als neun Jahre gelebt, davon immerhin sechs ohne seine Eltern!

Dieser ständige Ortswechsel wird sich fortsetzen, das weiß Pape genau. Bevor er eine eigene Pfarrstelle bekommen wird, mag noch viel Wasser die Vissel hinunterfließen. Seine Heimat besteht aus Eindrücken und geheimnisvollen Plätzen, die nur er kennt, an die er sich in Gedanken festklammert, wohl wissend, dass er an keinem Ort der Welt dazu gehört, immer nur auf der Durchreise ist.

So ist es also die karge Heidelandschaft in tiefster Provinz, die ihm Zuflucht gewährt, und das nicht nur als realem Menschen, sondern auch im metaphorischen Sinn.

Wo soll ein einsamer und gehetzter Mensch anders sein Plätzchen finden, als zwischen Wacholder und Heidebächen?

Und dann ist da noch der Vater Henrich Pape. In allem, was er macht, zeigt er sich als nüchterner, überlegener Mann, der seinen Pakt mit Gott geschmiedet hat. Er ist ungemein belesen, ein gedruckter Autor, Lehrer seiner Söhne und hat selbst mit seinen knapp fünfzig Jahren kaum etwas von seiner Energie verloren.

Neben solch einem Übervater hat ein Sohn nur zwei Möglichkeiten: entweder er lässt sich wie eine Marionette bewegen und unterdrückt seine eigene innere Stimme – oder er sucht bewusst oder unbewusst den Konflikt, indem er dem Lebensplan des Vaters eigene Ideen entgegensetzt.

Samuel Christian Pape entscheidet sich für die erste Möglichkeit – scheinbar!

In Wirklichkeit setzt er alles daran, sich von seinem Erzeuger zu emanzipieren. Er wollte etwas Großes auf dem Feld der Theologie leisten, um es dem Vater zu zeigen. Und er glaubte, dass die Poesie das geeignete Medium sei, seinen Weltschmerz und seine melancholische Hilflosigkeit auszudrücken.

Samuel Christian Papes intellektuelle Fähigkeiten werden schnell von seinen akademischen Lehrern erkannt und sie ermuntern ihn: der junge Mann hat in der Tat Talente, mit denen er wuchern kann. Nicht nur, dass er erstaunliche Kenntnisse der hebräischen Sprache mitbringt, er erntet auch von den Rhetoriklehrern Beifall für seine große Deklamations-kunst.

Ganz gewiss, aus diesem Jüngling kann einmal ein Großer werden.

Professor Eichhorn jedenfalls hält große Stücke auf seinen Studenten. Zum ersten Mal in seinem Leben war Pape unter Gleichgesinnten, wird auch er bewundert, kann er endlich einen Platz für sich im Leben suchen.

Es besteht überhaupt kein Zweifel daran, dass Samuel Christian Pape mit allem Ernst Theologie studiert und die Dichterei als Nebensache betreibt. Offensichtlich hat er auch nicht, wie behauptet wurde, Gottfried August Bürger, den früheren Hainbündler und Dichter der „Lenore", vor dessen Tod persönlich kennengelernt. Bürger ist nämlich bereits am 8. Juni als außerordentlicher Professor ohne Besoldung und völlig verarmt in Göttingen gestorben, während Pape erst zu Michaelis, also Ende September auf die Universität kam.

Selbstverständlich ist auch Pape, wie so viele junge Schaffende neugierig darauf, wie seine ersten ausgefeilten Werkchen vom Publikum aufgenommen werden. Möglicherweise hat er sie seinen Kommilitonen gezeigt, vielleicht sogar noch der Stiefmutter vor seiner Abreise, sicher wohl der Jugendliebe Friederike etwas vorgetragen.

Der Dichter tritt an die Öffentlichkeit

Jetzt aber unternimmt er mutig den nächsten Schritt, indem er besagte Gedichte Karl Reinhard schickt, mit dem Hinweis, es seien Arbeiten eines Bekannten.

Welche Gedichte genau dies gewesen sind, können wir nur vermuten. Zum einen müssen wir natürlich die sechs dazurechnen, die schließlich 1796 im Musenalmanach erschienen sind. Auffälligerweise befindet sich unter ihnen keines, welches eindeutig auf Papes Heimatgegend, die Moor- und Heidelandschaft, hinweist. Dagegen ist von Italien und vom Meer die Rede. Das machte sich allemal besser und klang auch vom Inhalt moderner als Schauergeschichten aus Moor und Heide.

„Das Fischermädlein" etwa beginnt mit der Strophe:

>„Das Fischermädlein harret
>Am Ufer auf und ab;
>Sein müdes Auge starrt
>Die Wogenfluth hinab.
>Kein Schifflein war zu sehen,
>Ach, Alles, Alles leer
>Kein Segel sah es wehen
>Im großen weiten Meer."

Oder „Das Mädlein im Italischen Land":

>„Ich bin ein Welscher Rittersmann,
>So ritterlich und treu,
>Ich wage Leib und Leben dran
>In Schlachten und Turney.
>Gib, Mädlein, mir die Hand!
>Im ganzen weiten Italischen Land'
>Ist keine so gut, wie du!

> Gib, Mädlein, mir die Hand!
> Im ganzen Italischen Land'
> Ist keine so gut, wie du!"
>
> „O Ritter, wenn mein Herz mir bricht,
> Und sterb' ich ungefreit,
> So mag ich doch den Fürsten nicht,
> Hat er wohl Land und Leut';
> Hat er wohl Gold, wie Sand;
> Im ganzen weiten Italischen Land'
> Ist keiner so gut wie du!"

Etwas bekannter geworden ist das moritatenhafte Gedicht „Des Gefangenen Ahndung", in dessen Anfangszeilen

> „Auf Sanct Marien Kirchhof,
> da blick ich still hinab;"

gelegentlich die Visselhöveder Kirche gesehen wurde. Dies ist möglich, gleichwohl ist jene Sankt Johannis geweiht. Viel wichtiger ist die Feststellung, dass schon diese frühen Gedichte eine eigentümliche melancholische Grundstimmung ausstrahlen, eine Schicksalsergebenheit und die Unmöglichkeit der Vereinigung von Mann und Frau.

Im gleichen Gedicht heißt es in der dritten Strophe:

> „Auf Sanct Marien Kirchhof,
> Da hör' ich Grabgesang;
> Das hallt so dumpf und traurig –
> O Thürmer, wie so schaurig!
> Ist wahrlich Todtenklang!"

Am Kirchhof „stehn so traurig" drei Männer, der gehörte Grabgesang „hallt so dumpf und traurig", der Totenklang „wie so schaurig!" Weiterhin „wallt so traurig" die Menge und schließlich sieht in der letzten von neun Strophen der „Thürmer, traurig, von seiner Warte schaurig" herab:

> „Auf Sanct Marien Kirchhof,
> Da sehn' ich mich hinab;
> Bald siehst du, Thürmer, traurig,
> Von deiner Warte schaurig
> Auch auf des Ritters Grab!"

Und im schon erwähnten „Fischermädlein" klagt die Wartende am Ufer, als der Bräutigam mit seinem Schiff sank:

> „Die lauten Wellen brausen
> Am nackten Felsenstrand;
> Die Abendstürme sausen;
> Das Schifflein, ach, verschwand!
> Das Mädlein setzt sich nieder,
> Sein Auge thränenschwer:
> „Gib mir den Trauten wieder,
> Du wildes, falsches Meer!""

Dies sind, wohlgemerkt, die endgültigen Druck-varianten, wobei man wissen muss, dass die eingereichten Arbeiten Papes keineswegs Reinhards Ansprüchen an seinen Almanach genügten. Der berichtet nämlich später:

> „Alle seine Arbeiten gingen durch meine Hände. Bescheiden, wie er war, konnte er Erinnerungen und Tadel ertragen, und nahm meine Vorschläge gern an. Seine meisten Gedichte, wie sie das Publikum kennt, unterscheiden sich wesentlich von den ersten Entwürfen."

Samuel Christian Pape wird demnach so manches Gedicht mehrfach umgearbeitet haben und wir dürfen getrost daraus schließen, dass die Erstvarianten zwar ein – wenn auch nur mäßiges – Talent verrieten, welches jedoch durchaus keine Großtaten ankündigte und eher in der kleinen, volkstümlichen Form des Liedes und der Moritat tätig werden könnte.

Es handelt sich um Gebrauchslyrik als Seitenfüller für den kurz vor dem Ende stehenden Almanach. Freilich ist manch hübsches Stück darunter, wie wir noch sehen werden, aber auch viel Banales und Peinliches.

Karl Reinhard aber ist von den anonym eingegangenen Gedichten begeistert, jedenfalls von der Grundstruktur. Er sieht großes Potenzial in ihnen und möchte sie, freilich nach gründlicher Verbesserung, in seinem Almanach drucken. Dies teilt er Pape mit, der natürlich mehr als zufrieden mit der Antwort ist und sich sofort Reinhard als Autor zu erkennen gibt. Die beiden lernen sich persönlich kennen und werden sich in Zukunft sehr oft sehen. Offenbar fühlt der fünf Jahre ältere Reinhard große Sympathie für Pape. Beide mag so etwas wie eine Freundschaft verbunden haben.

Die literarische Kritik lässt nicht auf sich warten

Bitter kommt denn schon im Januar 1797 – der Musenalmanach für dieses Jahr mit dem zweiten Schwung an Gedichten von Pape ist bereits ausgeliefert – postwendend die Kritik eines der neuen Hohepriester für die Qualitätskontrolle schriftstellerischen Schaffens: Friedrich Schlegel verreißt jegliche Machart der Göttinger Beiträge und knüpft sich quasi als Exempel speziell die Papesche Lyrik vor, der er „Nachäffung des altenglischen Balladentons" vorwirft, eine allzu enge Anlehnung an Bürger, die „Menge Romanzen" und so weiter.

Die Kritik ist im Kern durchaus berechtigt. Wenn aus Samuel Christian Pape einmal ein wirklicher Dichter werden soll, so steht er jetzt noch völlig am Anfang.

Aber damit nicht genug. Im gleichen Monat erscheint im Neuen Teutschen Merkur eine Rezension des Herausgebers Wieland persönlich, in der er die bekanntesten Musenalmanache für das Jahr 1797 genauer unter die Lupe nimmt.

Natürlich kommt Schillers Musenalmanach dabei am besten weg. Auch im Vossischen stünden etliche lesbare Werkchen. Im Reinhardschen Göttinger Musenalmanach dagegen sieht Wieland wenig Ermutigendes: über „junge Künstler, die ihre ersten Versuche ausstellen" sagt er mäzenatisch lieber gar nichts, desto mehr über „eine Art von Dilettanten".

Wir führen im folgenden einige längere Passagen aus Wielands Rezension an, zum einen, weil sie zeigen, wie die Zeitgenossen miteinander umgegangen sind, zum anderen, weil ja gerade der Göttinger Musenalmanach Papes einziges Veröffentlichungsorgan war.

„...und die Einrückung in einen Musenalmanach scheint, wo nicht der einzige, doch der sicherste Weg zu sein, unser eckles, übersättigtes Publikum zum lesen gereimter und nicht gereimter Verse zu *verführen*". (353)

„Die Dichter, die ich beurteilen, d.i. loben oder tadeln soll, sind entweder solche, über deren Rang und Werth die öffentliche Stimme schon definitiv geurtheilt hat; oder junge Künstler die ihre erste Versuche ausstellen; oder eine Art von Dilettanten, die (was dermalen beinahe jedermann kann) gelegentlich zu ihrer eigenen und guter Freunde Belustigung, ein Madrigal, ein Epigramm, ein Liedchen an irgendeine wirkliche oder fantasierte *Lina, Mina, Nina* oder *Wina,* auch wohl gar von der Begeisterung *Symposischer Hochgefühle* ergriffen, einen Rundgesang oder so etwas hervorgebracht haben..." (355f.)

„...daß es hart wäre, solchen bloß von der großen Verführerin alles Fleisches, der *Gelegenheit,* verleiteten, oder von einem efemerischen Fieberanfall zum *reimenden Zähneklappern* oder zur Alkäischen, Chorijambischen und Dithyrambischen Raserey hingerißnen Liebhabern nur ein unfreundliches Wörtchen zu sagen. Dafür können und sollen sie aber auch zufrieden sein, wenn man gar nichts von ihnen und ihren opusculis sagt."(356f.)

„Lieber will ich mir an Gedanken und Empfindungen, die jeder andere auch denken und empfinden kann, in einer allgemein verständlichen Sprache, ohne Schminke, Ziererey und Anmaßung klar, leicht und nett vorgetragen, genügen lassen, als delusorischer Weise gereizt werden den Mund weit aufthun, um nach Seifenblasen und Schatten zu schnappen." (358)

„Ich zweifle nicht, mein Freund, daß Ihnen, wenn sie einmal mit heitrer Seele und zur guten Stunde wieder über den Reinhardschen Musenalmanach kommen, mehrere solche wohlgebildete und liebliche Kinder einer schönen Seelenstimmung, oder einer glücklichen Laune in die Hände laufen werden." (359)

Wielands Rezension „Die Musen-Almanache für das Jahr 1797", aus: der Neue Teutsche Merkur, Erster Band, S.64-100, Weimar, Januar 1797, zitiert nach:

O.Fambach: Schiller und sein Kreis in der Kritik ihrer Zeit, Berlin (Ost) 1957, S. 353-388.

Der arme Samuel Christian Pape. Solche Polemiken von derartigen Geistesgrößen können einen kleinen Schreiberling wie ihn wahrlich zum Verstummen bringen.

Und das Tragische daran ist: die Kritik wäre wohl allseits nur halb so ätzend ausgefallen, wenn sich nicht der deutsche Dichterolymp dieser Form bedient hätte, um persönliche Animositäten und Feindschaften auszutragen.

Denn Wieland wollte mit seiner negativen Besprechung des Göttinger Musenalmanachs auch Schiller bestärken, dessen kritischer Gegner Johann Kaspar Friedrich Manso einer der Beiträger dieses Almanachs war. In den Xenien hatte Schiller Manso nicht eben geschont, während Voß dort bedeutend positiver behandelt wurde.

Noch im gleichen Jahre rächte sich Manso mit dem Pamphlet „Gegengeschenke an die Sudelköche in Jena und Weimar von einigen dankbaren Gästen".

Schlegel wiederum hatte sich 1796 mit Schiller überworfen, wozu objektiv gesehen keinerlei Veranlassung bestand, abgesehen von Schlegels Hochmut und Verletzlichkeit. Nun hatte Schiller 1791 Bürgers Gedichte negativ beurteilt und vielleicht meinte Schlegel jetzt, nach dem Streit mit Schiller, er müsse den Samuel Christian Pape als Bürger-Epigonen desto schärfer abkanzeln, gleichsam um noch im Streit das Verbindende mit seinem ehemaligen vertrauten Jenaer Dichter herauszustellen.

In diese elenden Mühlen, die wir Literaturbetrieb nennen und die uns erstaunlich modern erscheinen, geriet unweigerlich Pape, was er, bei aller Kritik, so nicht verdient hatte.

Eine andere Frage drängt sich uns auf: hat Karl Reinhard etwa bestimmte Gedichte zunächst für die Leserschaft als inhaltlich uninteressant abgelehnt bzw. zurückgehalten? Zu denken wäre hier besonders an jene, die das Lokalkolorit der Heidelandschaft einfangen und die dem jungen Pape doch wohl am meisten am Herzen lagen.

Vermutlich sind diese Arbeiten, wie von einem jungen unerfahrenen Schreiber nicht anders zu erwarten, zu persönlich und zu subjektiv geworden. Außerdem wollte am Ende des 18. Jahrhunderts niemand etwas von der Heide mit ihren Schäfern und einsamen Kirchhöfen hören.

Die These, dass Pape früh entstandene Visselhöveder Gedichte mit als erste vorlegte wird gestützt durch die Tatsache, dass die ersten drei mit der betreffenden Thematik zu den letzten vier im Almanach auf das Jahr 1797 gehören, also eventuell im Vorjahr zurückgestellt wurden und auch 1798 sich wieder eines unter den veröffentlichten befindet.

Auf jeden Fall nahm sich Karl Reinhard des jungen Dichters an und förderte ihn nach Kräften.

Er hatte aber nicht das Format, wirklich Gelungenes von Unausgegorenem zu trennen und überschätzte Pape maßlos. Dieser wiederum war durchaus selbstkritisch gegenüber seinen eigenen Arbeiten, wie wir noch sehen werden.

Eine Katastrophe in Visselhövede

Eben um die Zeit, als seine ersten Gedichte im Druck gewesen sein mögen, kommt schlimme Kunde aus Visselhövede: ein furchtbarer Brand hat am 25. Oktober 1795, abends um halb zehn – die meisten Einwohner lagen bereits im Bett – im Flecken gewütet und ein Drittel in Schutt und Asche gelegt. An die sechzehn Wohnhäuser, dazu Scheunen und Speicher und, für die Familie Pape am schlimmsten, auch das Pfarrhaus. Nicht zu vergessen der hölzerne Glockenturm.

Ins Lagerbuch der Visselhöveder Kirche schreibt Pastor Henrich Pape später lakonisch:

> „Am 25ten Oktober 1795 entstand in dem Wohnhause des Christoph Gehrcken abends nach 10 Uhr ein Feuer, welches der damals heftige Wind mit der größten Schnelligkeit ausbreitete. Der größte Teil der Bürgerhäuser wie auch der Glockenturm und das Pfarrhaus wurden in einigen Stunden ein Raub der Flammen. In dem Pfarrhause ergriff das Feuer zuerst die Studier-Stube, und durch diesen unglücklichen Zufall, wo keine Rettung möglich war, ward die ganze Bücher-Registratur, die Kirchenbücher, und auch die aus 3400 Büchern bestehende Bibliothek des Pastor Pape vom Feuer verzehrt."

Es gibt wirklich keine Heimat für Samuel Christian Pape, alles ist vergänglich, nun steht also auch sein Vaterhaus nicht mehr! In diesem Augenblick konnte er nirgendwohin auf der Welt. Sicherlich hat er sich in seinen notwendigen Ausgaben für eine Weile beschränken müssen. Woher sollte der Vater jetzt Geld nehmen, wo die Not im Flecken so groß war?

Außerdem war ja die Familie um ein Mitglied gewachsen: im Februar 1795 gebar Marie Sophie ihrem Mann, dem Pastor Pape eine Tochter, die Stiefschwester Samuel Christians.

Auch für den Pastor war dieser Brand also ein herber Verlust. Zwar war keines seiner Familienmitglieder zu Schaden gekommen – Gott sei es gedankt!

Aber die Bücher waren unwiderruflich verloren. Vielleicht hatte es so kommen müssen! Was war es auch für ein eitles Unterfangen für einen Diener Gottes, in seiner Studierstube unter tausenden von Büchern den Gelehrten zu spielen!

Sicher war unter seinen Veröffentlichungen manches Nützliche und Erbauliche, aber welcher ihm bekannte Prediger hielt sich schon eine solch gewaltige Bibliothek.

Nein, dies war mit Gewissheit ein göttliches Zeichen. Eigentlich hätte er schon eher aufwachen sollen: als er vor anderthalb Jahren seine Marie Sophie ehelichte, und als vor einem halben Jahr Anna Catharine Marie Sophie geboren wurde. Diese Menschen brauchten ihn, und seine Gemeinde natürlich, wo sein Beistand jetzt mehr denn je gefragt war.

Der eine hört auf zu studieren – von Henrich Pape ist uns nur noch eine Neuauflage seines „Christlichen Glaubensbekenntnisses für Konfirmanden", 1799 in Bremen gedruckt, bekannt – der andere beginnt erst richtig. Und was nun in der Tat verwundert, ist, dass sich diese Brandkatastrophe in seinem „Heimatflecken" in keiner Weise im dichterischen Werk des Samuel Christian Pape niederschlägt.

Vermutlich hat er wohl etwas dazu verfasst. Aber erstens wird es nichts für den Almanach gewesen sein, der keine dramatischen Katastrophen einer kleinen ländlichen Bevölkerungsgruppe braucht.

Und zweitens ist es fraglich, ob es einigermaßen gelungen war und dem Autor selbst gefiel. Falls etwas existierte, ist dies jedenfalls nicht ans Publikum gelangt.

Der Dichter arbeitet auf Hochtouren

Das Jahr 1796 war für Samuel Christian Pape, was die Dichterei anging, das produktivste: sechs Gedichte waren im Musenalmanach auf dieses Jahr erschienen, nun schrieb er fleißig drauflos.

Nicht nur, dass er glaubte, seinen Stil gefunden zu haben, er fand obendrein in Karl Reinhard seinen Mentor, der sich gerne des jungen Mannes bediente, um seine Zeitschrift mit Beiträgen zu füllen, die, wenn sie schon nicht an die berühmten Vorgänger der Hainbündler heranreichten, wenigstens ein wenig ihrer Atmosphäre verbreiteten.

Sage und schreibe 21 Beiträge akzeptierte Reinhard für den Jahrgang 1797. Schaut man sich die Arbeiten an, so fällt es schwer, die Beweggründe für die Entscheidung des Herausgebers nachzuvollziehen.

Samuel Christian Pape hatte sich keineswegs weiterentwickelt, was ja auch nicht notwendig erschien angesichts der Signale, die Reinhard durch seine Zustimmung gab.

Die neuen Gedichte wirken oftmals seltsam steif und unbeholfen. „Die Kleine" (wir halten uns hier an die Reinhardsche Datierung) enthält zwölf Strophen und jede (!) beginnt und endet mit der jeweils identischen Zeile „Sie weinte bitterlich" bzw. „Und einen Kuß dazu".

Phasenweise liest es sich wie eine Aneinanderreihung von Floskeln und Gemeinplätzen (und es ist nicht das einzige dieser Art):

1. Strophe:

>"Sie weinte bitterlich,
>Die liebe, gute Kleine:
>"Da geh' ich hier und weine,
>Und denke nur den ganzen Tag,
>Wann doch mein Wilhelm kommen mag.
>Ach, käme nur ein Wandersmann,
>Und sagte mir was Gutes an
>Von meines Trauten Leben,
>Ich wollt' ihm Alles geben,
>Und einen Kuß dazu!"

3. Strophe:

>"Sie weinte bitterlich
>Vor lauter Herzenssehnen;
>Sie trocknete die Thränen
>Mit ihrem schönen seid'nen Tuch.
>Daß ihr das Herz im Busen schlug.
>Da nahte sich der blanke Mann.
>"Du liebe Kleine!" hub er an,
> "Das Tuch kannst du mir schenken
>Zum süßen Angedenken,
>Und einen Kuß dazu!"

4. Strophe:

>Sie weinte bitterlich:
>"Ey sieh! Was mich doch wundert!
>Warum nicht lieber hundert?
>Ein fremder Mann, ich weiß nicht, wer?
>Ja, käme so mein Wilhelm her,
>Und fordert' er, ich weiß nicht, was?
>Und sagte mir nur Dies und Das:
>Wenn er nicht haben sollte,

> Was er nur haben wollte,
> Und einen Kuß dazu!"

5. Strophe:

> Sie weinte bitterlich.
> Da hub er an: „O, weine
> Nicht so, du liebe Kleine!
> Sieh her! An dieser rechten Hand,
> Siehst du das Ringlein mit Demant?
> Das war an seinem Hochzeitstag,
> Da schenkt' er mir den Ring und sprach:
> Den gab mir einst im Städtchen
> Ein kleines eitles Mädchen,
> Und einen Kuß dazu!"
> usw.

„Das Herzchen von Magnet" irrlichtert vor sich hin, ohne rechten Glanz, vage, anonym und seltsam blutarm:

> „Ich sah im stillen Traumgesicht
> Ein Herz von blankem Stahl,
> Das schien so rein, wie Mondenlicht,
> So hell, wie Sonnenstrahl.
> Ein Herzchen von Magnet erkannt'
> Ich bei ihm wunderbar,
> Das war durch Zauber hingebannt,
> Wich von ihm nimmerdar.
>
> Und ich gewahrt' ein Herz von Gold,
> Das funkelte von fern
> In seinem Schimmerglanz so hold,
> Schön, wie der Abendstern.
> Doch kam es nicht dem Herzchen nah'
> Mit seinem Strahlenschein,
> Und immer, immer schwebt es da

Verlassen und allein.

Und es erschien ein schwarzer Mann,
Dem ward es bitter gram,
Als er so grausam trat heran,
Das treue Herzchen nahm,
Als er es riß mit starker Hand
Hinweg von seinem Ort,
An's goldne Herz das Herzchen band,
Und zog es mit ihm fort."

Zu Recht hat F. Schlegel ihm kurze Zeit später reichliche „Reminiszenzen aus Bürger" vorgeworfen. Verblüffend sind die Ähnlichkeiten im Metrum in Papes Gedicht „Der Königssohn" sowie in Bürgers Ballade „Der Raubgraf" aus dem Jahre 1773:

Bürger	Pape
„Es liegt nicht weit von hier ein Land, da reist ich einst hindurch; Am Weg auf hohen Felsen stand, Vor alters, eine Burg. Die alten Rudera davon Wies mir der Schwager Postillon."	„Es ritt ein Mann mit goldnem Stern Im hellen Mondenstrahl. Drey Hütten dämmerten von fern Im tiefen Mühlenthal. Da tummelt' er sein edles Roß Mit seinem goldnen Sporn, Bis unter ihm die Welle floß Im kleinen Mühlenborn."

Während jedoch in Bürgers Gedicht jede Strophe sechs Zeilen aufweist, von der die erste, dritte, fünfte und sechste vierfüßige, die übrigen dreifüßige Jamben darstellen, wirkt Papes Gedicht durch den sukzessiven Wechsel von vier- und dreifüßigen Jamben bei achtzeiligen Strophen ermüdend.

Aber es gibt auch durchaus gelungene Stellen im Werk des dilletierenden Dichters, hübsche kleine Blitzlichter, die eine persönliche Note des Autors durchscheinen lassen und wohl genau deshalb einen anderen Geist als die schaurigen Herz- und Schmerzstücke atmen. In der ersten Strophe der langatmigen 15-strophigen, schwermütigen „Elegie" heißt es:

> „In den Tagen frommer Jugend
> Hatt' ich einen Bund geglaubt
> Zwischen Erdenglück und Tugend;
> Dieser Wahn ist mir geraubt.
> Eins von beiden kann gelingen;
> Jeder suche, was er mag!
> Aber beides zu erringen
> Ist der Sterbliche zu schwach."

Hier wirkt die Melancholie und die Sehnsucht nach besseren Tagen nicht um ihrer selbst willen, sie ist vielmehr Ausdruck eines gelebten Gefühls.

Leider wird das Thema in den folgenden 14 Strophen jedoch bis zum Verdruss ausgewalzt, gerade so, als wälze sich der Autor selbstzerfleischend in seinen Leiden. Die drei letzten Strophen mögen dies demonstrieren:

> „Ha ! mein Busen wallet freier.
> An des Jenseits Hochaltar
> Bring ich nun zur Opferfeier
> Meines Herzens Wünsche dar.
> Heilig, heilig unvermessen
> Ist die Ahndung jener Zeit,
> Zu verweinen, zu vergessen
> Gern und willig alles Leid !
>
> Laß mich denn dich weinend grüßen,

> Thal, wo meine Sehnsucht wohnt!
> Weile meinen Thränengüssen,
> Weile länger, stiller Mond!
> Sucht' sie dich im Sterngewimmel,
> Zeuge der Vergangenheit,
> O, so mahne sie vom Himmel
> An die frohe Jugendzeit!
>
> Sag' ihr, daß nach jenen Thalen,
> Die dein sanftes Licht bescheint,
> Irrend durch die Dämmerstrahlen,
> Des Verbannten Auge weint!
> Daß mit jeder Morgensonne
> Seine Sehnsucht wiederkehrt,
> Bis ihm endlich diese Wonne
> Tiefer Grabesschlummer wehrt!"

Allerdings fragt man sich, woher bei einem 22jährigen Jüngling, der das Leben noch vor sich hat, solch bestürzend pessimistische Ansichten kommen.

Die folgenden Zeilen wurden von Reinhard ebenfalls in das Jahr 1799 datiert, gelten aber erschreckenderweise fast für das ganze Dichterleben des Samuel Christian Pape:

> „Dieser Dichter wird alt.
> Wohin, du Feuer der Jugend?
> Mann des Herzens,
> wohin deine bezaubernde Kraft?"

Es mag ein Hilferuf sein angesichts der Selbsterkenntnis, mit seiner dichterischen Schaffenskraft sei es so weit nicht her. Es klingen Selbstzweifel an, die wohl in Papes Persönlichkeit längst angelegt waren.

Schwer beantworten lässt sich die Frage, ob sich Samuel Christian Pape in Göttingen wohl gefühlt hat.

Wahrscheinlich fiel es ihm zeit seines Lebens schwer, das Angenehme mit den Pflichten zu verbinden. Entweder er vergrub sich in seine theologischen Studien und poetischen Versuche oder er entzog sich allem und verträumte einige Wochen auf dem Lande.

„All überall" ist er „der Heimathskranke", der „mit heißem Sehnen sein Vaterland" sucht. Im eitlen, akademischen Göttingen nährt Pape weiter den Mythos des Heimatlosen, des Ruhelosen, des verlorenen Sohnes. Keines seiner Gedichte zeigt auch nur einen Hauch prometheischen Schaffens, der Künstler tritt vollkommen hinter schicksalsbeladenen Mächten zurück. Dieser hochbegabte Mann kann seine Fähigkeiten nicht gewinnbringend einsetzen. Er gilt als großer Deklamierer – aber im Innersten ist er von sich nicht überzeugt.

Eines seiner gelungenen Gedichte dieser Zeit wirkt wie ein Selbstzeugnis. Die „Schäferinn vom Lande" weist den Junker, der sie auf der ‚Kirchmeß' beim Tanz kennenlernt und sich in sie verliebt, ab:

>Es ritt ein Junker, schön und fein,
>Durch einen grünen Wald;
>Und als es war um Abendschein,
>Und als er kam zum Kirmeßreihn,
>Da tanzte Jung und Alt.
>Die Schäferinn vom Lande
>Gefiel dem Junker bald.
>
>„Küß mich, du schönste Schäferinn,
>Mit deinem Rosenmund!
>Mir ist so weh in meinem Sinn,
>All meine Ruh' nahmst du dahin;
>Mach' du mich nun gesund!
>Die Schäferinn vom Lande

Lieb' ich von Herzensgrund!"

„Geh' du nur hin, du stolzes Blut,
Mit deinem Jägerstaat !
Dein Herzchen wird wohl wieder gut,
Jägst du zu Roß mit Junkers=Muth
Durch Korn und Weizensaat.
Die Schäferinn vom Lande
Weiß keinen bessern Rath!"

Und als die kühle Nacht anbrach,
Und er zu Rosse saß,
Sann er des Mädchens Rede nach;
Und was sie that, und was sie sprach,
Macht ihm sein Auge naß.
Die Schäferinn vom Lande
Er nimmermehr vergaß!

Hier scheint Samuel Christian Pape auf verschlüsselte Weise in beide Rollen zu schlüpfen: als Junker möchte er sowohl das geliebte Mädchen (Friederike?) heimführen als auch die Muse der Poesie bezwingen. Gleichzeitig zeigt ihm sein Alter ego als „Schäferinn vom Lande" die Grenzen auf: die Vermessenheit des Junkers „Dichter" in seinem „Staat" (im übertragenen Sinne Göttingen und sein Wissenschaftsbetrieb?).

Und wie im Gedicht die Schäferin so weiß auch Pape im richtigen Leben keinen rechten Rat, wie sein Leben weiter gehen soll. Doch dazu bald näheres...

Persönliches poetisch verarbeitet

Sehr wahrscheinlich auf den Tod der Jugendliebe Friederike Wedekind bezieht sich das Gedicht „Erinnerung", das ebenfalls im Musenalmanach des Jahrgangs 1797 erschien. In diesem Fall könnte es bereits bedeutend früher entstanden und auf den Rat des Herausgebers Reinhard zurückgehalten und überarbeitet worden sein:

> Das vergess' ich nimmer, nimmermehr,
> Das um dich die Sterbeglocken klangen!
> Wie die Sänger um den Hügel her,
> Und die Jungfrau'n Todeslieder sangen,
> Wie die Thränen in die Seele drangen,
> Das vergess' ich nimmer, nimmermehr.
>
> Aber mir ist alles freudeleer,
> Trennungskummer bleichte meine Wangen.
> Deines Lebens ungetreuem Meer,
> Seinen Stürmen bist du nun entgangen,
> Dich hat dein Elysium empfangen,
> Aber mir ist alles freudeleer.
>
> O du Land der frohen Wiederkehr,
> Wo des Dulders Träume hinverlangen,
> Ach, kein Traum ist mir so göttlich hehr!
> Fern der Heimath bin ich noch gefangen,
> Aber laß mich ewig an dir hangen,
> O du Land der frohen Wiederkehr.

Orientalistik und Poeterei

Professor Johann Gottfried Eichhorn, der führende Göttinger Orientalist, bringt Pape dazu, sich für die Übersetzung des Buches Hiob zu interessieren, es wird die Examensarbeit für das kommende Jahr. Sehr bald merkt der akademische Lehrer, dass diese Arbeit ein „großer Wurf" wird, dass die dichterische Begabung des Schülers sich glücklich mit fundierten Hebräischkenntnissen paart.

Hier darf Pape nicht frei dichten und fabulieren, hier muss er sich an eine vorgegebene Struktur und an inhaltliche Strukturen halten. Genau das kommt ihm zugute.

Aber Professor Eichhorn kann auch nicht die etwas flatterhafte, innerlich zerrissene Natur seines Schülers mit ihren selbstquälerischen Zweifeln entgangen sein und ein ums andere Mal wird er den jungen Kandidaten aufgefordert haben, düstere Gedanken beiseite zu schieben und sich zu „ermannen".

In heutiger Zeit würde er vielleicht sagen:"Pape, denken Sie positiv!" Wenn es so einfach wäre!

Zwar kennt er, Eichhorn, selbst die Probleme seines Studenten. Auch er ist der Sohn eines Predigers, der es zu Anfang nicht leicht gehabt hat. Immerhin war er jedoch mit 23 Jahren bereits Professor der orientalischen Sprachen in Jena und wenn ein Mann will und die entsprechenden Talente besitzt, so muss er sich eben hochdienen und abwarten, bis seine Stunde kommt.

Und so trifft denn der gefiederte Pfeil des Kritikers einen sich mitten in der Arbeit befindenden und – alles in allem – doch zufriedenen Samuel Christian Pape in einem Augenblick, der ungünstiger nicht sein konnte.

Kein Geringerer als Friedrich Schlegel - wie wir schon angedeutet haben - lässt in der Jenaischen Allgemeinen Literaturzeitung vom 12. Januar 1797 kein gutes Haar am Göttinger Musenalmanach von 1796 und besonders „ein gewisser Pape" bekommt sein Fett weg.

Da ist von „Nachäfferey des altenglischen Balladentons" die Rede, „reichlich Reminiszenzen aus Bürger untermischt", von zwanghaft wiederkehrenden Zeilen, von Refrains ohne Reim und Sinn, kurz: für Schlegel handelt es sich keineswegs um die Entdeckung eines jungen Talents, sondern um „eine Brühe der neumodigsten Empfindung", ausgegossen über „angeblich altfränkische[n] Gedichte".

Das ist für einen dichterischen Anfänger kaum zu verkraften, auch wenn der Rezensent selbst erst am Anfang einer erstaunlichen Karriere stand. Es war schon ein eigentümlicher Zufall, dass der zwei Jahre ältere Schlegel gerade im Begriff war, die Grundlagen der später so genannten Romantischen Schule zu legen, wobei er auf nichts und niemanden Rücksicht nahm. Eben hatte er sich mit dem Giganten Schiller überworfen, was bedeutete ihm da der Wurm Pape!

Und außerdem war ja die ureigenste Aufgabe des Rezensenten, das was schlecht war, auch schlecht zu nennen!

Jeder andere hätte eine weniger verletzende Form gewählt, die Schwächen dieser Gedichte darzustellen. Nicht so Schlegel.

Auf diese Weise wurde Samuel Christian Pape mitten in seinem schwärmerischen und kreativen Schwung jäh gestoppt.

Was kann einem Nachwuchsdichter Schlimmeres passieren, als dass seine ersten zaghaften Produkte verrissen werden, während der nächste Jahrgang des Musenalmanachs bereits vorlag mit einer weitaus größeren Anzahl neuer Gedichte, von denen wir ja bereits einige kennengelernt haben. Da tauchen Selbstzweifel auf, da wird gesichtet und verworfen, da gerät das künstlerische Schaffen ins Stocken. Solche Kritik wünscht man nicht einmal seinem ärgsten Feind!

Und was das Schlimmste ist: alle werden es erfahren, auch der Vater im fernen Visselhövede! So etwas spricht sich in der gelehrten Welt herum. „Sind Sie nicht der Pape aus dem Göttingischen Musenalmanach?"

Trifft nicht auch ein gut Teil Mitschuld den Herausgeber Karl Reinhard, der besser hätte selektieren sollen, ja müssen? Oder hat er es selbst nicht besser gewusst? Pape selbst jedenfalls bittet ein ums andere Mal um Kritik und Strenge bei der Auswahl.

Einen sehr interessanten Einblick in Samuel Christian Papes Innenleben gibt ein Brief aus Visselhövede an Reinhard vom 14. Juni 1797, in dem er neue Arbeiten anbietet:

> „Ich muß mich schämen, daß ich nach so langer Zeit dennoch nicht im Stande bin, Ihnen für dieses Jahr bessere Beiträge zu Ihrem ‚Musen=Almanach', als die einliegenden, an zu bieten. Künftiges Jahr soll das aber anders werden; aut Caesar, aut nihil. Sogar dieses Wenige habe ich nicht einmal, wie ich wohl wünschte, ausfeilen können. Das Ende des Mai's und den Anfang des Junius, die Zeit, die ich dazu

bestimmt hatte, habe ich, leider! In einem kleinen lustigen Städtchen in der Nachbarschaft verträumt. Mir war's nicht möglich, mich dort los zu reißen. Seit der Zeit aber habe ich wieder neuen Muth zu poetischen Arbeiten gefaßt, der seit der Schlegelschen Recension ganz gesunken war; und das durch eine Kleinigkeit. Ich fand nämlich dort bei einigen jungen Damen Copieen von Allerlei Almanachs=Gedichte, und darunter auch ein Paar von meinem Machwerke."

„Ich bitte Sie um Strenge bei der Auswahl unter meinen Beiträgen. Ich bin wirklich zufrieden, wenn Sie nur zwei oder drei aufnehmen. Nur für ein Stück möchte ich gern Fürbitte einlegen, für das kleine „An Adolphine". Ist's möglich, so drücken Sie doch ein Auge dabei zu!"

Zunächst stellen wir mit Verwunderung fest, dass Reinhard offenbar nach wie vor auf Papes Zusammenarbeit baut, wenn ihm auch klar geworden sein muss, dass viele veröffentlichte Gedichte nicht ausgereift waren. Wie er später, lange nach Papes Tod einmal zugibt, war er in der Göttinger Zeit sogar stolz auf „seinen" Pape.

Pape selbst gibt erstaunlicherweise zu, das Wenige, was er anzubieten wagt, nicht einmal ausgefeilt zu haben. Entweder will er jegliche Kritik verdrängen und weiterhin naiv drauflos dichten, wobei er seinen Genius maßlos überschätzt, indem er glaubt, unausgefeilte Versionen seiner Gedichte seien für das Publikum gut genug. Oder er kann keine andere Rolle als seine eigene spielen: Samuel

Christian Pape ist und bleibt der verträumte, realitätsferne, hochgebildete aber einfach denkende Heidesohn.

Es gibt die bekannte Volksfabel von der Stadtmaus, die von der Landmaus besucht wird, welche Todesängste aussteht bei den vielen kleinen Gefahren des Alltags, von denen sie vorher nichts wusste. Samuel Christian Pape ist solch ein Landmensch, der in der Stadt nicht lernen und begreifen will, auf welche Weise ein junger Intellektueller reüssieren kann.

Er spielt sein ganzes Leben lang den naiven Dorftölpel. Jedenfalls bekommt seine Umwelt diesen Eindruck von ihm.

In Wirklichkeit gelingt es ihm niemals, seine Ideale mit der rauhen Realität in Einklang zu bringen. Seinen Platz sucht er „in einem kleinen lustigen Städtchen", in dem er seine Zeit vertändelt, dort wird er kaum echte Seelsorgerqualitäten in sich gespürt haben. Dort hat er offenbar auch eine weibliche Bekanntschaft gemacht, die ihn über die tragische Jugendliebe hinweg tröstet, eine Adolphine. Reinhard erhört selbstverständlich die kleine Bitte des Dichterfreundes und lässt das Gedicht im Almanach auf das Jahr 1798 abdrucken. Es klingt wahrlich nicht wie ein Liebesgedicht. Wie könnte es auch, ein Dichter der Liebe war Pape wahrhaftig niemals gewesen. Er drückt seine tiefe Zuneigung auf eine ihm ganz eigene, spröde Art und Weise aus:

An Adolphine

Wehe dem, der deines Geistes Adel
Nicht aus deines Auges Himmel glaubt,
Der mit kaltem, seelenlosen Tadel
Deines Herzens Heiligthum beraubt!

Wehe, wehe dem, der stolzer Seele
Deiner Liebe würdig sich vermißt,
Und im Taumel seiner tausend Fehle,
Deiner reinen Glorie vergißt!

Wehe dem dortoben und hienieden,
Der mit Trug das Engelherz gewann,
Und gefühllos deinen süßen Frieden
Mit Verrätherwonne trüben kann! –

Menschenfreuden darf das Herz noch hoffen,
Das der Himmel meinem Busen gab;
Aber, wär' ein Paradies mir offen,
Ging' ich dennoch wohl für dich in's Grab!

Immerhin war es ihm trotz dieser Rückschläge bzw. Ablenkungen möglich, seine Hiob-Übersetzung mit glänzendem Erfolg abzuschließen. Mit einer Vorrede von Professor Eichhorn versehen kommt sie noch 1797 bei Johann Georg Rosenbusch in Göttingen heraus. Darin heißt es:

> „Der Talentvolle und Kenntnißreiche Verfasser dieser Uebersetzung, der mit den Schwierigkeiten seines Unternehmens glücklich gerungen, und schätzbare Einsichten in die beyden Sprachen, die er miteinander umzutauschen hatte, gezeigt hat..."

Es war eine Fleißarbeit, die neben hervorragenden Hebräischkenntnissen ein gutes poetisches Einfühlungsvermögen verlangte. Pape zeigt sich als exzellenter Kenner, der im Vorwort gewandt mit Ausdrücken wie „Aramäismen" und „Arabismen" hantiert. Und er geht ein zusätzliches Wagnis ein, indem er sich entschließt die Übersetzung in gereimten Versen zu geben, wobei er erwartungsgemäß gewisse Schwächen zeigt.

Wir geben eine Textprobe aus Hiob [Ijob] 4,3-11 und stellen als Vergleich eine moderne Übersetzung gegenüber. Hiobs Freund, Elifas von Theman, rüttelt den verzeifelten Hiob auf, indem er ihn auf die Religion und Frömmigkeit verweist:

Pape	Bibelübersetzung 1982
Wie Viele hast du selbst gelehrt in jenen Tagen, wie oft die Hand gestärkt, die schon begann zu sinken! Fallende, getröstet hast du sie, hast wieder stark gemacht die hingesunkenen Knie.	Du hast doch viele Menschen unterwiesen und schlaff gewordene Hände stark gemacht. Wenn jemand strauchelte, du halfst ihm auf, du gabst ihm Mut, wenn ihn die Kraft verließ.
Du zitterst, nun an dich die Reihe kommen soll, nun es dich selber trifft, bist du verzweiflungsvoll? Und könnte dir denn nicht Religion, und Frömmigkeit und Unschuld Trost verleihn?	Jetzt, wo du selber dran bist, wirst du schwach und kannst dem Unglück nicht ins Auge sehen. Hast du nicht Gott zu jeder Zeit geehrt? War nicht dein Leben frei von jedem Tadel? Dann könntest du doch Mut und Hoffnung haben?
O denk zurück! wann mußten Fromme schon, und wann Unschuldige verloren sein? Das hab' ich wohl gesehn: nur die allein, die Böses eingepflügt und ausgesät, die erndteten dafür auch Böses ein. Die wurden dann von Gottes Hauch verweht, verzehrt von seinem Flammenhauch. Des Löwen Mordgebrüll, und seines Donners Muth, sein Räuberzahn, das schwindet auch! Er raubt nicht mehr, ist tot; zerstreut ist seine Brut.	Denk einmal nach: Ging je ein Mensch zugrunde, der treu Und ehrlich war und ohne Schuld? Ich kann nur sagen, was ich selber sah: Wenn jemand auf dem Feld der Bosheit pflügt und Unheil sät, Dann erntet er es auch. Die solches tun, erregen Gottes Zorn, der sie hinwegfegt wie ein heißer Sturm. Die Unheilstifter brüllen wie die Löwen, doch Gott bricht ihnen alle Zähne aus. Sie gehen ein wie Löwen ohne Beute, und ihre Kinder werden weit

zerstreut.

Sicher ist der „Hiob" Papes reifste Arbeit und wir haben schon einen Grund genannt: hier kommt es nicht darauf an, eigene Empfindungen und Gefühle in eine Form zu bringen, sondern nachzuempfinden, was der anonyme Dichter der biblischen Gestalt vorgegeben hat.

Im einleitenden Prosatext vermag Samuel Christian Pape ungemein spannend und mitreißend sowie gut verständlich zu formulieren:

> „Eines Tages speiseten Hiobs Söhne und Töchter und tranken Wein dazu im Hause ihres ältesten Bruders, da kam ein Bote zu Hiob:"Die Rinder pflügten; neben ihnen weideten die Eselinnen. Da fielen Schabäer ein, und raubten sie, und erschlugen die Leute. Ich kam allein davon, dir Nachricht zu bringen."
>
> Der erzählte noch, da kam schon ein Andrer:"Feuer Gottes stürzte vom Himmel, wüthete unter den Schafen und unter den Leuten, und tötete sie. Ich kam allein davon, dir Nachricht zu bringen."
>
> Der erzählte noch, da kam schon ein Andrer:"Chasdäer, in drei Horden geteilt, überfielen die Kamele, und raubten sie, und erschlugen die Leute. Ich kam allein davon, dir Nachricht zu bringen."
>
> Der erzählte noch, da kam schon ein Andrer:"Deine Söhne und Töchter aßen und tranken Wein dazu im Haus ihres ältesten

Bruders. Da erhob sich ein Orkan von der Wüste herüber, und faßte das Haus von allen vier Seiten, und erschlug die Leute. Ich kam allein davon, dir Nachricht zu bringen."

In der Welt der Orientalistik, in der zur damaligen Zeit der größte Teil der Theologie angesiedelt war, erregte Papes Examensarbeit großes Aufsehen. Um so erstaunlicher ist die Tatsache, dass er für seine weitere berufliche Karriere keinerlei Kapital daraus schlug. Warum versuchte er nicht, wenigstens für ein, zwei weitere Jahre im Göttinger Umkreis zu bleiben, was gewiss möglich gewesen wäre bei seiner Reputation.

Eine Hauslehrerstelle oder dergleichen hätte sich allemal auch dort gefunden.

Keinesfalls hat Pape mit seinem „Hiob" den Doktortitel erlangt, wie es offenbar neuerdings Walter Killy in der Deutschen Biographischen Enzyklopädie (Bd.7, München 1998, S.559: „zum Dr.theol.promoviert wurde") annimmt. Das wäre ja in der Tat ein weiterer Grund gewesen, nach höheren Ämtern und Würden zu streben.

Samuel Christian Pape besaß aber gar nicht die Absicht, in Göttingen sein Glück zu suchen, womöglich gar in der Wissenschaft! Sonst hätte er einen Weg gefunden, zumindest für eine Weile einen Versuch zu machen.

Immerhin hat Samuel Christian Pape im selben Jahr 1797 eine weitere Probe seiner Kenntnis der alten Sprachen gegeben, die man wohl eher als verunglückt ansehen muss, weshalb sie auch niemals zu Lebzeiten veröffentlicht wurde. Es handelt sich um einen Auszug aus dem ersten Buch von Ovids „Metamorphosen". Er übersetzt dermaßen schwulstig und eigenwillig und scheint sich in der Suche nach unikalen semantischen Begriffen geradezu selbst überbieten zu wollen, dass man sich nicht vorstellen kann, dieses Werk genussreich zu lesen, ja mitunter gar es semantisch zu entschlüsseln. Hier ein Vergleich der ersten Verse des ersten Buches:

Pape	Moderne Übersetzung (Fink 1999)
Singen möcht' ich Gestalten, in neue Körper verwandelt!	In neue Gestalten verwandelte Wesen will ich besingen.
Götter – ihr habt sie ja selbst verwandelt, Götter – begünstigt	Ihr Götter, seid gnädig meinem Beginnen, denn
Mein Beginnen nun auch ! Vom ersten Ursprung des Weltakts	ihr habt ja auch jene verwandelt, und leitet
Leitet ihr den Gesang auf meine Zeiten herunter!	meinen Gesang vom Urbeginn der Welt ununterbrochen fort bis auf meine eigene Zeit.
Eh' noch das Meer und die Erd' und der allbedeckende Himmel, War die Natur im Kreise der Welt von e i n e m Gebilde.	Ehe es Meer gab und Land und als Dach über Allem den Himmel, war in der ganzen Welt ringsum nur eines zu sehen:
Chaos heißt es. Ein roher und ungordneter Klumpen,	Chaos nannte man es, eine riesige Masse,
	formlos
Nur unthätige Last. Unpassend, übel vereinigt. Hier zusammen gebraut der Stoff zukünftiger Dinge.	und wüst, nichts als lastende Schwere, ein Haufen noch unverträglicher Keime von schlecht verbundenen Dingen.
Da verlieh noch der Welt kein Titan Licht, da ergänzte noch das Gehörn nicht Triebe, wiederum wachsend.	Noch gab keine Sonne der Welt das Licht, noch ließ nicht Luna immer aufs neue die Sichel des Mondes sich füllen,
Noch nicht schwebt' in umflossner Luft die Erde, gehalten durch ihr eig'nes Gewicht, noch hatte nicht Amphitrite ausgebreitet die Arm'	noch hing nicht die Erde im Raum, umhüllt von der Luft und durch eigene Schwere im Gleichgewicht gehalten, noch hatte nicht

am weiten Ländergestade. Amphitrite, die Göttin des Meeres, um den weiten Rand der Erde die Arme geschlungen.

Man wird das Gefühl nicht los, Pape möchte besonders originell wirken, wagt sich mutig an selten benutzte Formulierungen wie „wölbiger Himmel", „irdische Hefen" oder „eigenen Strichs" oder macht übermäßigen Gebrauch von Synkopen (eig'nes, heil'ger) und Elisionen (Erd', schwebt', eh'). Das Ergebnis ist eher entmutigend, eine Fortsetzung scheint es denn auch nicht gegeben zu haben.

Auch in Visselhövede war seine Anwesenheit nicht erforderlich. Im Gegenteil, je eher er eine Beschäftigung gegen Entgelt erhielte, desto besser für den durch die Brandkatastrophe und die Gründung einer neuen Familie finanziell belasteten Vater.

Weshalb also verließ Pape dann die Universitätsstadt?

Vielleicht vertraute er dem großen Einfluss seines Vaters, zur geeigneten Zeit eine Pfarrstelle für ihn zu finden? Aber auch das ließe sich von Göttingen aus abwarten.

Nun, wir haben schon gesehen, dass sich Pape offensichtlich in der Stadt nicht wohlfühlt, es zieht ihn aufs Land. Möglicherwesie war sein Charakter von dunklen Phasen geprägt, in denen depressive bzw. stark melancholische Anteile sichtbar wurden. Es wurde ja auch vermutet, dass seine leibliche Mutter ebensolche Gefühlsausbrüche hatte – konnte da etwas vererbt sein?

Hatte er bis vor drei Jahren noch glauben dürfen, sein Vater wäre die unerreichbare Lichtgestalt, von der er zwar viel lernen, niemals jedoch ihn erreichen könne, so musste er sich in der Folgezeit eines Besseren belehren lassen. In Göttingen wimmelte es nur so von Koryphäen und gelehrten Kopfmenschen, die ihre eigenen Kinder nicht selten mit allen Mitteln auf den Pfad der Wissenschaften bringen wollten.

Der Gipfel von allem war der eingebildete Professor Schlözer, der seine Tochter Dorothea regelrecht dressiert hatte, der 1787 sogar die Doktorwürde verliehen worden war. Darauf war er natürlich mächtig stolz. Gleichzeitig stellte sich die Frage, was die Tochter denn nun als Frau Doktor machen sollte!

Es ist diese eigenartige innere Unsicherheit, die er durch Kenntnis und Redegewandtheit glänzend überspielen konnte, die Samuel Christian Pape keine andere Wahl ließ, als zum Ursprung seiner Lebensgeschichte zurückzukehren.

Und er weiß genau, dass es ein Rückzug für immer sein wird. Gescheitert als Dichter, aber auch unfähig, ein Gelehrtenleben zu führen, wird er in Zukunft sein Leben in der Provinz verbringen, abgeschieden von aller Welt, als sei er auf der Flucht.

Aufbruchsstimmung

Und jetzt, ohne jeglichen Druck, weder von innen noch von der Außenwelt, gelingen ihm einige wirklich schöne Gedichte, die den Vergleich mit berühmteren Vorgängern keineswegs zu scheuen brauchen. So etwa „Der Jäger":

> „Am Sonntag war's, nach Mitternacht,
> Am ersten Tag im Maien;
> Der Jäger hört, vom Traum erwacht,
> Den Todtenvogel schreien.
> Das treibt ihn wunderbar heraus
> Aus seinem Bett, den Saal hinaus;
> Er schaut sich um im Freien.
>
> Früh Morgens um die Kirchenzeit,
> Sieh da! von seiner Lieben
> Ein großer Brief, so lang als breit,
> Von ihrer Hand geschrieben.
> Der Brief, als der gelesen war,
> Da ward's ihm Alles hell und klar,
> Was ihn herausgetrieben.
>
> Der Jäger setzt sich auf sein Roß,
> Hinüber durch die Heide,
> Daß ihm der Schweiß herunter floß
> An seinem Jagdgeschmeide.
> Und als er kam in's Dorf gerannt,
> Da ging sie an des Priesters Hand,
> In eitel Gold und Seide.
>
> Er sprang herab, er wankte hin,
> Mit Zittern und mit Beben,
> Ihm ward so grausenvoll zu Sinn,

Wie zwischen Tod und Leben.
Dann rief er dumpf und weinte laut:
„So bist du nun des Pfaffen Braut?
Das mag dir Gott vergeben!"

Und als sie sprach kein einzig Wort,
Und als sie stand in Trauer,
Da trieb er sich unbändig fort,
Mit wildem Todesschauer,
Und nieder schlug er leichenblaß,
Und taumelt' unter Moos und Gras,
Hart an der Kirchenmauer.

Da riß sie ihn in Todesqual
Hervor aus Leichensteinen;
Hier sah er noch zum letzten Mahl
Die Abendsonne scheinen.
Um zwölf Uhr, als der Wächter rief,
Das war die Stund', als er entschlief.
Da hub sie an zu weinen."

Das Gedicht „Der Jugendtraum" drückt einen tiefen Schmerz aus, der wie bleiern in den Gliedern zu sitzen scheint:

Mein goldner Traum, wohin ist der,
Wohin ist der entflohn?
Da träumt' ich ruhig hin und her,
Gott weiß es All, wovon?
Da war ich hoch vermessen
In meiner Träumerey;
Das Alles sey vergessen!
Mein Traum ist nun vorbey.

Und ach! dem Träumer war so wohl,
In seinen Schlaf versenkt,
Das Herz war ihm so ruhevoll,
Von keinem Gram gekränkt.
Er war so wunderselig,
Er war so wunderfroh,
Bis ihm der Schlaf allmählich
Um's Morgenlicht entfloh.

Nun bricht der klare Morgen an,
Nun ist es heller Tag,
Mehr, als ich Armer sehen kann,
Mehr, als ich sehen mag.
Das Dunkel mußte schwinden,
Und ach! Die Ruhe schwand.
Wo soll ich wachend finden,
Was ich im Schlafen fand?

Vergebens such' und such' ich dich,
O du, mein goldner Traum!
So wollt' ich nur, ich legte mich
Schon unter'n Lindenbaum!
Dort hab' ich süßen Schlummer,
Wo mich kein Morgen schreckt,
Wo mich und meinen Kummer
Kein Hahnenruf erweckt."

Ein Dichter, der solche Zeilen schreibt, so ganz ohne aufmunternde Worte für das Leben im Diesseits, kann nicht damit rechnen, rückhaltlosen Zuspruch beim Publikum zu finden. Dafür geben sie ein beredtes Zeugnis davon, wie es in Samuel Christian Pape aussieht.

Jetzt endlich entschließt er sich auch, ein Kapitel seiner Jugenderlebnisse preiszugeben. „Die

Lautensängerinn" erzählt die traurige Geschichte seiner von schwerer Krankheit gezeichneten Friederike, die er verlassen musste, als er 1794 nach Göttingen ging und die er bei seiner Rückkehr nach Visselhövede nicht mehr lebend antraf.

Es ist dieses kleine Opus mit seinen 17 vierzeiligen Strophen im melancholischen vierfüßigen trochäischen Versmaß, welches so viel Heideatmosphäre verströmt. In seiner Schlichtheit gilt es mir als eines der schönsten Gedichte Papes:

>„Draußen auf der braunen Heide,
>Linker Hand zum Thor hinaus,
>Unter einer Pappelweide
>Liegt ein kleines Schäferhaus.
>
>Wo die hohen Pappelbäume,
>Wo das stille Hüttchen liegt,
>Wurd' ich oft in süße Träume
>Unter Thränen eingewiegt.
>
>In der Hütte wohnt' ein Mädchen,
>Eine Lautensängerinn.
>Oefters ging ich aus dem Städtchen
>Nach den Pappelweiden hin.
>
>Mußte dann das gute Mädchen,
>An der Thür, mich wandern sehn,
>Ließ es wohl das Spinnerädchen
>In der Myrtenlaube stehn.
>
>Nahm wohl seine süße Laute
>In die zarte, weiße Hand,
>Spielte, bis der Abend graute,

Bis der Mond am Himmel stand.

Und sie sang von ihren Thränen,
Und von treuer Liebe Noth,
Wie die Liebenden sich sehnen
Nur nach Grabgeläut und Tod.

Daß sie wiederfinden wollte
Ihren Liebsten, der sie kennt,
Wo ihr's niemand wehren sollte,
Wo kein Tod sie wieder trennt.

Vieles hat sie schon getragen;
Willig trägt sie's; aber dann,
Allen Engeln will sie's klagen,
Was sie litt von Jugend an. –

Meine Thränen flossen immer,
Immer naht' ich ihr so gern;
Aber, ach ! ich wagt' es nimmer,
Denn die Mutter war nicht fern.

Mußte bald das Hüttchen meiden,
Wo das gute Mädchen wohnt;
In die Fremde mußt' ich scheiden,
Weh mir! im Septembermond.

Monde gingen mir vorüber,
Sieben Monde gingen hin;
Immer dacht' ich noch hinüber
An die Lautensängerinn.

Und die Vöglein sangen Lieder,
Und der schöne Lenz begann;
Und im Maien kam ich wieder

In der lieben Heimath an.

Täglich ging ich aus dem Städtchen
Nach den Pappelweiden hin,
Nach der Hütte, nach dem Mädchen,
Nach der Lautensängerinn.

Konnt' ich doch das gute Mädchen
Nimmer vor der Hütte sehn!
Sah ich doch kein Spinnerädchen
In der Myrtenlaube stehn!

Hörte keine süße Laute
Von der zarten, weißen Hand,
Harrend, bis der Abend graute,
Bis der Mond am Himmel stand! –

Da gedacht' ich ihrer Thränen,
Und der treuen Liebe Noth,
Wie die Liebenden sich sehnen
Nur nach Grabgeläut und Tod.

Heimlich, in der Abendstunde,
Ging ich nun zum Kirchhof hin,
Und der Kirchhof gab mir Kunde
Von der Lautensängerinn."

Natürlich dürfen auch hier die düsteren Töne nicht fehlen, die so charakteristisch für Papes Werk sind und den Schluss des Gedichts dominieren.

Auf jeden Fall lässt sich aus der Ortsangabe „linker Hand zum Tor hinaus" eben gerade nicht auf Wittorf schließen, wie das D.Plep tat. Ganz davon abgesehen, dass zu Papes Zeiten neben dem Wall und dem Graben auch die beiden

Tore längst verfallen waren, so führt der Weg „linker Hand" entweder zum Wüstenhof oder zum südlichen Tor hinaus, auf die Heidloge.

In seinem Brief vom Juni hatte Pape entweder maßlos untertrieben, was das Ausfeilen seiner Gedichte betrifft, oder Reinhard hat ihn in der Folgezeit zu mancher Überarbeitung gedrängt. Angesichts der harschen Kritik Schlegels trifft wahrscheinlich beides zu.

Welch ein Jammer ! Mit solch vielversprechenden Gedichten und einer hochkarätigen Examensarbeit aus der Orientalistik verschwindet Samuel Christian Pape aus Göttingen so plötzlich, wie er vor drei Jahren aufgetaucht war.

Zwischenspiel

Nach seinem Examen an der Universität Göttingen kommt Samuel Christian Pape als frischgebackener Kandidat zurück nach Visselhövede. Natürlich nur auf der Durchreise, denn seine Ausbildung ist ja noch längst nicht beendet, der praktische Teil wird noch folgen.

Um die Stelle wird der Vater sich wohl bereits gekümmert haben, seine Beziehungen sind schließlich weitreichend.

Es hat sich viel verändert in Visselhövede, für Samuel Christian eigentlich alles: nach der Brandkatastrophe vor zwei Jahren wurden etliche Gebäude von Grund auf erneuert, u.a. auch das Pfarrhaus. Die Gasse, also die heutige Burgstraße, erkennt er kaum wieder, der Kirchturm fehlte und der Brink (der heutige Marktplatz) hatte ebenfalls sein Aussehen verändert.

Sein Vater, der Pastor Henrich Pape, war ein anderer Mensch geworden. Der Verlust seiner riesigen Bibliothek sowie die Scheidung von seiner ersten Frau und die Ehe mit Marie Sophie hatten seinem Leben neue Akzente verliehen.

Die drei Schwestern im Alter von einundzwanzig, zwanzig und sechzehn waren alle noch unverheiratet und dürften die meiste Zeit zu Hause gelebt haben, so dass fünf Erwachsene im Pfarrhaus lebten (vielleicht wegen des Feuers gar mehr !) sowie die beiden Stiefgeschwister Anna Catharine Marie Sophie und Ludwig.

Möglich auch, dass der Vater den Sohn drängte, so schnell wie möglich eine Hauslehrerstelle anzutreten. Je eher er eine tätige Aufgabe übernehmen würde, desto weniger könnte er seinen melancholischen Dichterneigungen nachhängen.

Somit bleibt Samuel Christian nur kurze Zeit im Flecken, gerade so lange, um all die geliebten Plätze aufzusuchen, ein wenig zu träumen und den einen oder anderen Freund zu sehen. Oder auch sich in Adolphine zu verlieben und den Sommer zu vertändeln. Aus Grasberg schreibt er am 15. Dezember 1797 an Reinhard:

> „Den ganzen Sommer und Herbst bin ich fast gar nicht zu Hause gewesen; und wenn ich da war, war mein Herz wenigstens zerstreut."

Das ist der andere Pape, der lustige, verträumte junge Mann, der vom Ernst des Lebens nichts wissen möchte. Er treibt sich in der Gegend herum, in kleinen Städtchen, bei den Mädchen. Es hinterlässt doch einen eigenartigen Beigeschmack für einen angehenden Pastor. Wenn nicht alles täuscht, so ist Samuel Christian Pape nicht für den Beruf des Geistlichen geschaffen. Keines seiner Werkchen, wirklich kein einziges von allen Gedichten, Liedern oder Sprüchen lässt auch nur im Entferntesten den angehenden Hirten erkennen! Fast könnte man meinen, in Anlehnung an das Adolphine gewidmete Gedicht, für ihn sei der Allmächtige Gott recht respektlos „der da oben"!

Im gleichen Brief an Reinhard bittet er wiederholt und nachdrücklich um kritische Sichtung seiner Gedichte. Wir sehen, die größere Schuld trifft nicht ihn, sondern seinen Mentorfreund:

> „Für Ihre freundschaftliche Auswahl bei meinen Beiträgen danke ich; nur fürchte ich

fast, sie ist noch nicht strenge genug gewesen..."

Pape ist mittlerweile knapp 23 Jahre alt und hat es noch zu nichts gebracht. Auch so lässt sich ja sein Werdegang betrachten!

Goethe war in dem Alter immerhin Lizentiat der Rechte am Reichskammergericht in Wetzlar, Schiller sogar Regimentsmedikus und bewunderter Autor der „Räuber" und Klopstock hatte mit 24 Jahren die ersten drei Gesänge des „Messias" geliefert, übrigens auch gerade im Range eines Hauslehrers.

Jedenfalls konnte man nicht gerade behaupten, dass Pape auf dem Weg zu großen Zielen war. Aber er wollte ja auch ein Leben im Dienste Jesu und der Kirche ableisten und da zählt der demütige Gottesdiener allemal mehr als der gefeierte Autor oder Künstler.

Diesen Weg hatte sein Vater ihm vorgelebt und er, Samuel Christian, würde ihn auf seine Weise ebenfalls zurücklegen.

Die Zeit in Visselhövede war also kurz.

Der Bestimmungsort für die Hauslehrertätigkeit stand auch bereits fest: Grasberg bei Bremen.

So ergriff also wieder die altbekannte innere Unruhe und Melancholie den jungen Pape, der sich doch so gern in Visselhövede zu Hause fühlen möchte, den aber, so etwas gab es zu allen Zeiten, die Notwendigkeit der Berufsausbildung und Arbeitssuche in die Fremde trieb.

Mittlerweile war der Musenalmanach für das Jahr 1798 erschienen mit immerhin weiteren acht seiner Gedichte, unter ihnen die bereits erwähnten „Die Lautensängerinn" und „Der Jäger".

Im April des folgenden Jahres bespricht Ludwig Tieck im „Berlinischen Archiv der Zeit und des Geschmacks" die Musenalmanache und Taschenkalender für 1798. Dabei fällt ihm der junge Samuel Christian Pape – Tieck selbst ist lediglich ein Jahr älter – durchaus auf. Er findet zwar „in seinen Gedichten poetische Anlagen", verurteilt dann aber ein melancholisches, verworrenes „Gemüth" zum Schweigen, „es muß uns nicht seine Empfindungen aufdrängen wollen".

Nichts Neues also, nur hat Pape diese Rezension wohl gar nicht zu sehen bekommen. Wenn aber doch, so war sie auch nicht gerade als Aufruf zum Dichten zu verstehen, denn eines war ja mittlerweile klar geworden: dieser düstere, verzehrende Ton, der kaum noch Hoffnung zurück ließ, gehörte einfach zu Samuel Christian Pape. Er drückt dessen innere Zerrissenheit aus und macht letztendlich den Reiz seiner besseren Arbeiten aus. Den Zeitgeist aber traf er dabei gewiss nicht.

Die Moorkirche in Grasberg

Mitte November ist es soweit. Aus dem kleinen Provinzflecken Visselhövede, versteckt in Wald und Heide, fährt er praktisch ins Nichts.

Grasberg besteht einstweilen nur aus Kirche und Pfarrhaus. Das Teufelsmoor ist eben erst auf Anweisung von Jürgen Christian Findorf erschlossen worden, die ersten Kolonistenstellen sind bezogen.

Das Leben der Siedler ist hart und der sonntägliche Kirchgang stellt eine willkommene Abwechslung dar, auch wenn für manchen der Weg weit ist. Weit ist er auch für Pape selbst: vier Stunden bis Bremen, ansonsten Moor und Wiesen, so weit das Auge reicht.

Auf dem sandigen Hügel an der Wörpe steht die Kirche nebst Pfarr- und Küsterhaus, die – ein Kuriosum – Gott dem Schöpfer geweiht ist:

SACRUM DEO CREATORI

So lautet die Inschrift über dem Portal.

Hier also, auf dem Grasberg, kümmert sich seit dem 1. November 1789 der Pastor Johann Hinrich Sartorius um seine Moorkolonisten aus Wörpedorf, Eickedorf, Schmalenbeck, Rautendorf und Danneberg. Weitere Hofstellen sind in größerer Zahl geplant.

Johann Hinrich Sartorius war vorher Rektor der Schule in Bremervörde, seine Familie stammt aus Uthlede, wo der Bruder Apotheker ist. Möglicherweise ist er verwandt mit dem Historiker Georg Sartorius (*1765 Kassel), der von 1789 bis 1793 Beiträge für den Göttinger Musenalmanach lieferte, engere Beziehungen zu Bürger pflegte und 1797 in Göttingen außerordentlicher Professor der philosophischen Fakultät wurde und somit Samuel Christian Pape mit Sicherheit bekannt war.

Er könnte Pape auch die Vikarstelle in Grasberg empfohlen haben. Übrigens hatte jener Georg Sartorius das Studium der Theologie abgebrochen, um sich der Geschichte zuzuwenden, was vielleicht, wir wissen es nicht, auch ein geheimer Wunsch Papes war.

Johann Hinrich Sartorius hatte jedenfalls seine gewiss schlecht bezahlte Rektorenstelle in Bremervörde aufgegeben, um als Pionier ins Moor zu gehen, in der Hoffnung auf mehr Geld für seine wachsende Familie. Zu diesem Zweck nahm er vier Schüler aus Bremen bei sich auf, um sie auf das Gymnasium vorzubereiten. Eben deshalb musste ein Hauslehrer her und wer passte dafür besser als der junge Samuel Christian Pape ?!

Er hatte sowohl bei seinem bekannten Vater als auch an der Universität Göttingen eine hervorragende Ausbildung genossen, hatte sich sogar in der Dichtkunst versucht und war obendrein Kandidat der Theologie. Er würde sowohl den Schulmeister Bargfrede als auch den Pastor Sartorius bei ihren Geschäften zur Hand gehen können.

Und wirklich hat Pape gleich nach seiner Ankunft alle Hände voll zu tun. An den Herausgeber des Musenalmanachs Reinhard schreibt er am 15. Dezember 1797:

> „Seit vier Wochen ungefähr bin ich hier bei'm hiesigen Prediger. Wir halten zusammen ein Institut für junge Bremer. Auch hier ist die erste Stunde, da ich Ihnen schreiben kann. Häusliche Umstände zwingen mich, so lange ich hier gewesen bin, bis jetzt, Kirche und Schule allein zu versehen."

Das also war der berühmte Unterschied zwischen Theorie und Praxis. Eben noch durfte Samuel Christian mit Gelehrten und Kommilitonen diskutieren, jetzt sollte er den Moorbauern trost- und hilfreich zur Seite stehen, denn die ganze Arbeit ruhte vorübergehend auf seinen Schultern.

Pastor Sartorius war längst nicht mehr bei bester Gesundheit, trotz seiner erst 39 Jahre. (Wie oft mag Pape in späteren Jahren das Bild dieses Geistlichen vor Augen gehabt haben, als er selbst – nur wenig älter – ähnlich gebrechlich wurde!)

Überhaupt entsprach dieser Sartorius so gar nicht dem Ideal des Geistlichen der Zeit. In ständiger Geldnot, zur Abzahlung früher erhaltener Darlehen gezwungen, sann er beständig auf mögliche Einnahmequellen. Noch nach seinem Ableben, Pape ist längst wieder abgereist aus Grasberg, gibt es große Schwierigkeiten für die Kirchenjuraten wegen einer größeren Summe fehlenden Geldes. Die Pastorenwitwe gelangt gar an den Bettelstab und muss von Armengeld leben.

Die Zeit wird Samuel Christian Pape jedenfalls nicht lang auf dem Grasberg. So manchen Weg wird er im Kirchspiel zurückgelegt und einen Eindruck von der gewaltigen Leistung der Moorkolonisation bekommen haben. Wahrscheinlich wird er sich nicht unwohl gefühlt haben. Sein Wissen und seine pflichtbewusste, freundliche Art lassen ihn schnell zur rechten Hand des Pastors werden. Dessen immer häufigere Unpässlichkeiten führen zu großer Selbständigkeit Papes in der Gemeindearbeit.

Dennoch bleibt hier und da ein Stündchen übrig für die Dichtkunst und wieder werden die Werkchen Reinhard für den Musenalmanach präsentiert. Vier 1798 entstandene Gedichte werden im Almanach für 1799 abgedruckt, zwei weitere im Jahr darauf. Das ist wahrlich nicht viel und lässt einige Rückschlüsse auf Papes Verfassung zu: es hatte das Schreiben von Gedichten für ihn an Bedeutung verloren und er glaubte auch wohl nicht mehr an eine dichterische Zukunft.

Natürlich hatte die vernichtende Rezension Schlegels hier ihre Wirkung getan, aber Pape merkte auch selbst, dass seine künstlerischen Eingebungen ihn über einen gewissen Grad an Kreativität und Originalität nicht hinausbrachten.

Im ersten Jahr seines Grasberger Aufenthaltes schrieb er:

„Dieser Dichter wird alt. – Wohin du Feuer der Jugend? Mann des Herzens, wohin deine bezaubernde Kraft? Ewige, große Natur, währt doch der Frühling nicht ewig! Jüngling und Mann und Greis, - Frühling und Sommer und Herbst!"

Hier mischen sich in den Versen des noch nicht 25jährigen auf fatale Weise verletzter Stolz mit überhöhter Selbsteinschätzung, Melancholie und Depression.

Im Gedicht „Heimweh" sucht Pape weiter nach einem Ort, an dem er sich einrichten kann, seine unerreichbare Heimat (1.Strophe):

„Elysium, du Land, wo Friede wird,
Wo nie das Schwert und nie die Fessel klirrt!
Elysium, du Land, wo Liebe thront,
Wo endlich Ruh' in diesem Herzen wohnt.
Bist du Phantom? Bist du der Leiden Traum?
Bist du ein Land in irgendeinem Raum?
Wo such' ich dich am weiten Firmament,
Wenn heimatkrank die blasse Wange brennt?
Oft mitternachts umweht mich deine Luft,
Ein ew'ges Blau, ein ew'ger Frühlingsduft,
Ich seh' es dort in heller Blüte steh'n,
Ich hör' es dort in Melodien weh'n."

Ist dies als durchaus gelungen zu bezeichnen, so ist die übrige Produktion dieser Jahre kaum erwähnenswert. Es herrscht dieser nichtssagende, einlullende vierfüßige Trochäus vor, der jegliches tiefere Gefühl abtötet. Im „Paradies" etwa lautet die erste von acht Strophen:

> „Nirgends finden wir hienieden
> Wieder das verlorne Land,
> Wo die junge Menschheit Frieden,
> Ach! nur Ein Mal Frieden fand.
> Aus der Heimath seiner Jugend,
> Wo es froh und glücklich war,
> Aus dem Wohnplatz stiller Tugend
> Flüchtet schon das erste Paar."

Dass es sich hier wahrhaftig um nicht viel mehr als Gebrauchslyrik handelt, beweist die vierte Strophe des gleichen Gedichtes, welche in ihrer Machart in fast jedes drittrangige Werkchen romantisch-pietistischer Provenienz eingerückt werden kann:

> „Seelenvolle Chöre singen,
> Und die Lüfte hallen's nach.
> Dumpfe Melodieen klingen
> Vom entfernten Murmelbach.
> Ruhe schimmert durch die Wälder;
> Wollust säuselt durch die Flur;
> Ueber Hügel, über Felder
> Weht balsamische Natur."

So abgedruckt im Musenalmanach. Da ist es kein Wunder, dass Pape keine neuen Bewunderer oder Fürsprecher gewann. Und er spürt selber, dass diese ganze Dichterei vielleicht eine einzige Selbsttäuschung, eine Sackgasse darstellt. Am 30. Juni 1798 schreibt er an Reinhard:

> „Noch mehr bitte ich Sie um Ihr eigenes Urtheil über meine diesjährigen Beiträge; denn ich fürchte beinahe, daß ich mich verschlimmert habe."

Was aber ist nur in diesen Reinhard gefahren, dass er seinen Freund derart bloßstellt! Dass er so gar nicht den künstlerischen Wert seiner Arbeiten einschätzen kann! Für die Literaturgeschichte ist er der große Verlierer!

In einem weiteren Gedicht des Jahrgangs 1799 des Musenalmanachs, „An meine Freunde", wünscht sich der Dichter auf gespenstische Weise hinüber „in den bessern Garten", gerade so wie der Gärtner die Palme umsetzen muss, weil sie den Elementen nicht mehr länger widerstehen kann:

> „Der kann hier nicht gedeihn!
> Ich muß ihn wohlHinübersetzen in den bessern Garten.
> Ihr Freunde, kommt ihr einst und sucht ihr mich,
> Und findet mich nicht mehr an meiner Stätte,
> So, bitt' ich euch, gedenket dieses Worts!"

Da beklagt sich einer bitter über das Leben, das ihn hart anpackt und den „der Sturm zerschlug [...] ganz und gar".

Das klingt nach Abschied und Selbstmitleid eines jungen Vikars, der das Leben eigentlich noch vor sich hat, der eine Familie gründen und inmitten seiner Gemeinde einige beschauliche Jahre verbringen könnte.

Entweder dichtet sich Pape in einen selbstzerstörerischen Rausch – oder der Mann ist wirklich innerlich haltlos und zerrissen. Entweder zelebriert er eine Attitüde oder er bastelt zwanghaft an seiner „self fullfilling prophecy".

Zwar müssen wir dem jungen Vikar zugute halten, dass er in Grasberg alle Hände voll zu tun hat. Womöglich muss er dem wesensähnlichen Pastor Sartorius mehr persönlichen psychischen Beistand leisten denn als seelsorgerische Unterstützung wirken.

Dies alles ist aber keine Entschuldigung für die Publikation drittrangiger Gedichte, denn was verlangte doch Wieland in seiner bereits erwähnten Rezension der Musenalmanache für 1797 von „dem Herausgeber einer poetischen Blumenlese":

> „Wir wollen nicht, dass er uns nach Vermögen sondern lieber gar nichts gebe, wenn er uns nicht lauter vortreffliches geben kann; und da sich schwerlich irgend eine Nothwendigkeit ersinnen lässt, warum wir uns mit mittelmäßigen Versen beköstigen lassen sollten, so wird es wohl ein für allemal bei dem Fluche, den unser Horaz über die mittelmäßgen Poeten ausgesprochen hat, sein Verbleiben haben müssen."

Noch ein letztes Mal beliefert Pape 1799 den Göttinger Musenalmanach für das darauf folgende Jahr mit Gedichten, zwei werden abgedruckt. In dieser Zeit beschäftigt er sich offenbar ausführlicher mit der griechischen Mythologie, wahrscheinlich im Rahmen seiner Schulmeister-tätigkeit. Bezeichnenderweise lauten die Gedichte „Morpheus", „Auf den Gott des Schlafes" und „Ulysses", auf den Umherirrenden, von der Heimat Versprengten.

In letzterem Gedicht könnte Pape in den beiden abschließenden Strophen direkt von sich selbst reden, wenn es heißt:

> „O, daß ich nur wüßte,

Wo sich die Gränze neigt,
Wo dämmernd die Küste
Aus ihrem Nebel steigt!
Und wiegten dann gelinde
Die Fluthen und die Winde
Mich Träumenden zu jenen Mauern hin,
Wo ich geboren bin!

Du freundliches Wesen,
Das meine Fahrt bewacht,
Laß du mich genesen,
Wo mir die Heimath lacht!
Gib du nur meine Landung
In keiner harten Brandung,
Wann wir am Ziel die grüne Küste sehn,
Wo mildre Lüfte wehn!"

Diese immerwährende Melancholie wäre kaum noch zu ertragen, wenn ihr nicht zumindest die Hoffnung auf Genesung entgegengestellt würde. Das wirklich Verblüffende an den Musenalmanach-Gedichten der Zeit von 1796-1800 aber ist, dass kein einziges in echter religiöser Andacht und Gottesfurcht geschrieben ist. Das ist für einen angehenden Pastor durchaus eine Überraschung.

In der Gedichtsammlung des Baron de la Motte Fouqué von 1821 sind zwei Gedichte aufgenommen, die sein Gewährsmann, der Bruder des verstorbenen Dichters Ludwig Matthias Henrich Pape seinem Bruder zuschreibt. In den Jahrgängen 1798 und 1799 sind sie mit „Pp." gezeichnet, der Bruder glaubt an „innere Gründe" sowie seine „blutverwandten Gefühle, die Authentie derselben zu bekräftigen". Dies ist ein weiteres

Zeugnis, zu welchen Urteilen es kommen kann, wenn nicht Sachverstand und analytische Schärfe, sondern Empathie und Seelenverwandtschaft die leitenden Kriterien bei der Zuweisung sind.

Zunächst will der Inhalt beider Gedichte so gar nicht zu unserem Dichter passen: ein bukolisches Trinklied sowie eine Hymne an die Tabakspfeife stünden völlig singulär in seinem schmalen Werk. Zwar wäre es denkbar, dass Reinhard diese Gedichte bewusst zurückgehalten hat, weil auch er spürte, dass sie dem Bild, welches sich die Leser des Göttinger Almanachs von Pape gemacht hatten, schaden könnten. Andererseits wüssten wir nicht, ob der Dichter jemals in einer Stimmung war, in der er sich solchen leichten Gedanken hat überlassen mögen. Alle seine übrigen Werke atmen die Lust am Leiden und den ohnmächtigen Schmerz!

Aber auch was Metrum, Rhythmus, Strophenform und Reimschema anbelangt, passen sie keineswegs in Papes sonstiges Schaffen. Gewöhnlich produziert er einen gewissen eintönigen Singsang, bestehend aus jambischen oder trochäischen Metren, der ihn ja auch nicht selten der Kritik ausgesetzt hat – neben der inhaltlich armen Ausgestaltung. Wir geben einige Beispiele von Gedichtanfängen:

„Wohl an dem Rasenhügel hin,

   Da ging ich still hinab;

   Ich fühlte nur der Liebe Sinn,

   Das trieb mich auf und ab." (Lieb Mary)

„Ich bin ein welscher Rittersmann,

So ritterlich und treu,

Ich wage Leid und Leben dran

In Schlachten und Turney" (Das Mädlein im Italischen Land)

    „Der Junker saß im Marmorsaal;
    Er nahm den funkelnden Goldpokal,
    Er goß ihn voll bis an den Rand,
    Er färbte roth sein Ritterband" (Der Harfner)

„Der süße Wilhelm saß auf grüner Au',
Und seine Braut Lenor' auf seinem Schooß.
Da wand sie sich aus seinen Armen los:
„Sieh hin, sieh dort den kalten Abendthau" (Der süße Wilhelm)

„Mit der Morgenröthe frühem Schimmer
Mußt du bald den Pfad der Trennung gehn!
Viele nennen diesen Pfad: auf immer;
Aber Liebe spricht: auf's Wiedersehn!" (An Sidonie)

Das Reimschema ist häufig ababcdcd und nicht sehr kunstvoll.

Ganz anders sieht es bei den beiden in Frage kommenden Gedichten aus. Schauen wir uns zuerst das Gedicht „Schwedisches Trinklied" an. Es besteht aus sieben Strophen zu je acht Zeilen.

Das Reimschema ist abba cddc. Die Silbenanzahl innerhalb einer Strophe beträgt

9 – 8 – 8 – 9 – 8 – 9 – 9 – 6

Der Rhythmus klingt dem Inhalt angeglichen lustig hüpfend und mitreißend:

Die beiden ersten Strophen:

> „Komm, muntre Lache, komm hernieder,
> Verweil' ein Stündchen hier am Tisch !
> Zum Lob des Weines schallen frisch,
> Zu Bacchus Ehren uns're Lieder.
> Steig' aus dem duftenden Pokal
> In uns're Herzen, uns're Kehlen,
> Und laß es nicht an Scherzen fehlen
> Bey unserm Freudenmahl !
>
> Vom Rand des Bechers fliehn die Sorgen
> Wie Eulen vor des Tages Licht.
> Es läßt ein Abendräuschchen nicht
> Bekümmert um den nächsten Morgen.
> Ja, Brüder, unser eig'nes Wohl
> Gebeut uns, nicht den Wein zu sparen:
> Wollt ihr ein stetes Glück erfahren,
> Seyd süßen Weines voll!"

Etwas ähnliches finden wir – wie gesagt – im ganzen übrigen Opus des Dichters nicht wieder.

Das zweite Gedicht „An die Tobackspfeife" hebt sich ebenfalls stark von der übrigen Machart der Gedichte Papes ab. Es besteht aus 14 Strophen zu je vier reimlosen Zeilen, die Anzahl der Silben beträgt 11 – 11 – 9 – 10.

Zeilen von mehr als 10 Silben sind aus dem Werk Papes sonst nicht bekannt.

Die einzigen sonstigen reimlosen Werke wurden zwar in der gleichen zeitlichen Periode geschrieben, gehören aber entweder zur Phase der Beschäftigung mit der griechischen Mythologie („Morpheus", „Paris", „Ulysses") oder befinden sich im Übergang von Gedicht zu freier Vortragsform („An meine Freunde"). Einzig die Hymne an die Tabakspfeife hält sich an eine strenge Strophenform ohne Reim.

Die ersten vier Strophen:

> „O Busenfreundinn, die ich zuerst verkannt,
> Dann lieb gewonnen, die du mir nun hinfort
> Gefährtinn seyn sollst meines Lebens,
> Pfeife, dir will ich ein Loblied singen!
>
> Des Hohns unachtsam, den mir ein Stutzerheer
> Entgegen zischelt, oder ein strenger Mann,
> Dem unter vier verhaßten Dingen
> Rauch des Tobacks in der Seele feind ist,
>
> Verkünd' ich Wahrheit. Lieblicher reizen nur
> Der Zunge Nerven etwa der Traube Saft,
> Des goldnen Apfels milde Frische,
> Oder des träufelnden Honigs Süße,
>
> Als deine Düfte, die du mit gleicher Lust
> Zwei Sinne nährest, Pflanze Kolumbiens,
> Wann du in sanft verschlung'nen Kränzen
> Aus der umbänderten Pfeife wirbelst."

Starker Tabak- und Alkoholkonsum mag Samuel Christian Pape in seinen Leidensjahren in Nordleda seit dem Tod der ersten Ehefrau begleitet haben, aber wohl nicht schon in der Grasberger Zeit. Dort wird das Beispiel des Pastors Sartorius eher abschreckend auf ihn gewirkt haben. Und selbst wenn er schon damals gelegentlichen Exzessen nicht abgeneigt war, so hätte er kaum dies Verhalten verherrlichende Gedichte an Reinhard für den Musenalmanach geschickt haben: für seine spätere Laufbahn als Pastor wären sie die denkbar schlechteste Werbung!

Karl Reinhard teilt denn auch einige Jahre nach Papes Tod mit, beide in Frage stehenden Gedichte habe sein Kollege Karl Lappe (Pp.) geschrieben. So wenig haben Fouqué und der Bruder Ludwig Matthias also „ihren" Christian Samuel gekannt bzw. erkannt.

In Grasberg und Umgebung

Wie mag das Alltagsleben des Samuel Christian Pape in den knapp drei Jahren, die er in Grasberg lebte, ausgesehen haben? Tagtäglich hat er viele Stunden als Hauslehrer praktiziert, hat Predigten vorbereitet und die Bauern mit ihren Angehörigen besucht und diejenigen empfangen, die Rat und Hilfe suchten.

Wenn Pastor Sartorius gesund war, hatte er etwas mehr Muße für eigene Unternehmungen, z.B. Gedichte schreiben. In den Wintermonaten mag er wochenlang den Grasberg nicht verlassen haben. Im Sommer, wenn die Schüler in den Ferien waren, gab es mehr Zeit.

Vielleicht ist Samuel Christian Pape dann hin und wieder nach Lilienthal gegangen, um die „größten astronomischen Instrumente des 18. Jahrhunderts" beim Amtmann Schroeter zu bewundern.

Vielleicht hat er einmal eine Nacht lang am Teleskop ausgeharrt, um einen Blick auf die Venus oder den Mond zu werfen. Auch hätte er dort im Amtsgebäude an der Wörpe bedeutende Männer der Wissenschaft und des tätigen Lebens antreffen können, etwa den Bremer Arzt und Astronomen Heinrich Wilhelm Mathias Olbers oder den jungen Hauslehrer und späteren Göttinger Professor Karl Ludwig Harding.

Vielleicht schaute auch einmal der hochbegabte Karl Friedrich Gauß aus Braunschweig oder Helmstedt vorbei, um die großartigen Teleskope zu betrachten und mit gleichgesinnten Männern zu sprechen.

Oder mied Samuel Christian Pape die Gesellschaft solch illustrer Leute? Eigentlich ist das kaum denkbar, galt er doch als geselliger Mensch, der unter Freunden keineswegs nur missmutig und melancholisch wirkte. Er hatte sich schließlich in Göttingen nicht nur unwohl gefühlt und sowohl am wissenschaftlichen als auch am gesellschaftlichen Leben Anteil genommen. Eher können wir ihn uns in Lilienthal als bescheidenen und interessierten Besucher vorstellen, der sich weder als Dichter noch als Hiob-Übersetzer vorstellt, sondern schlicht und einfach als Vikar aus dem benachbarten Grasberg. Dabei mag es dann zu vertraulicheren Gesprächen und zur Einladung zu häufigeren Besuchen gekommen sein. Besonders der neun Jahre ältere Harding müsste ein willkommener Gesprächspartner gewesen sein. Auch er hatte Theologie an der Universität Göttingen studiert und sich auf die Tätigkeit als Pastor vorbereitet. Die großartige Übersetzung des Buches Hiob wird ihm imponiert haben.

Offenbar war jedoch die Liebe zur Astronomie in ihm stärker als der Wunsch, Pastor zu werden, so dass er 1797 eine Tätigkeit als Hauslehrer beim Sohn des Oberamtmanns Schroeter angenommen hatte, während der er sich noch intensiver dieser Wissenschaft widmen konnte. 1805 verließ er Lilienthal, um in Göttingen eine außerordentliche Professur anzutreten.

War das nicht auch ein Wegweiser für Pape? Kam der Wunsch, sich sein zukünftiges Leben lang dem geistlichen Stande zu verschreiben, wirklich aus tiefstem Herzen oder war es nicht vielleicht lediglich der Wunsch – oder sollten wir besser sagen der Befehl? – des übermächtigen Vaters?

So mögen die beiden jungen Männer auch einmal über die revolutionären Ansichten eines weiteren jungen Bremer

Theologen und Philosophen, womöglich persönlich mit ihm, diskutiert haben: Johann Smidt, der spätere Bremer Bürgermeister, hatte 1794 in dem Aufsatz „Sollte man das Predigtamt abschaffen?" geschrieben:

> „Nicht der Staat, sondern die Gesellschaft hat den Lehrerzu wählen und abzusetzen; dann muß dieser mit der Cultur seiner Gemeinde fortschreiten, oder vielmehr ihr vorauseilen."

Dieser Smidt war übrigens nur ein Jahr jünger als Pape, wurde aber bereits 1797 Professor der Philosophie am Gymnasium in Bremen und 1800 gar zum Ratsherrn gewählt.

Wie anders lautete da die Aufforderung eines Johann Salomo Semlers (1725-1791) [mitgeteilt in Schmolze 1979]:

> „daß es Landpredigern nicht anstehe, selbst zu denken und zu urteilen, daß es ihnen vielmehr gezieme, den akademischen Lehrern zu folgen."

Zwischen diesen beiden Wahrheiten bewegte sich ein Geistlicher um die Wende vom 18. zum 19. Jahrhundert. Aber hatte ihm nicht sein eigener Vater, darin seinem Schwiegervater, dem alten Lappenberg nacheifernd, vorgelebt, wie man sich als Pastor vorbildlich um seine Gemeinde kümmern und trotzdem selbst denken und urteilen kann ?

Übrigens hatte auch Gauß von 1795 bis 1798 in Göttingen studiert, so dass es sehr wahrscheinlich ist, dass er und Pape sich von dort kannten, mindestens aber etwas voneinander gehört haben. Schließlich gab es noch nicht die heutige Massenuniversität, das Studium generale wurde groß geschrieben und talentierte junge Männer aller Fakultäten hatten keinerlei Berührungsängste.

So ist es also denkbar, dass sich in einer lauen Sommernacht, sagen wir, des Jahres 1799, eine illustre Gesellschaft beim Oberamtmann Schroeter in Lilienthal eingefunden haben mag: neben dem Hausherrn sein Hauslehrer und wissenschaftlicher Helfer Harding, dann der häufig zu Besuch weilende Olbers aus Bremen und schließlich Pape und Gauß als seltenere Gäste.

Wie mag sich, wenn es sich denn so zugetragen hat, Samuel Christian unter diesen Leuten gefühlt haben? Hat er vielleicht die Berufung zum Pastor doch als Einbahnstraße gesehen, die ihn von größerem Ruhm und Ansehen abhielt? Oder hat er in sich diese Leere gespürt, die nirgendwohin strebt und geduldig das vorgegebene Los auf sich nimmt, weil andere Impulse nicht auftauchten? Dass er nicht der „dichtende Pastor" ist, war ihm wohl klar geworden. Wissenschaftliche Ambitionen auf dem Felde der Orientalistik scheint er auch nicht entwickelt zu haben.

Seine ihm nachgesagte Ader zu Gesellichkeit und Müßiggang konnte er gewiss als Pastor nicht ausleben. War das alles zusammen genommen seine „Leere", die Melancholie, die Suche nach der verlorenen Heimat?

Abschied von Pastor Sartorius

Auf dem Grasberg wehte der Wind dem Vikar Samuel Christian Pape schärfer ins Gesicht. Seit Ostern 1800 hat Pastor Sartorius keine Predigten mehr halten können. Schließlich wird er bettlägerig. Nun lastet die ganze Gemeindearbeit auf dem 25 jährigen Pape.

Wahrscheinlich hat Samuel Christian Pape die fatale Situation seines Amtsbruders im Auge gehabt, als er schon im Vorjahr den kleinen Zweizeiler verfasste, der in rührender Weise Rettung erfleht, wie immer sie auch aussehen mag, und sei es in letzter Konsequenz der Tod:

> An den Schlaf (1799)
>
> „Komm, du freundlicher Schlaf, o, komm zum Lager des Siechen!
>
> Oder, wenn du nicht kannst, sende den Bruder ihm zu!"

Wochenlang hat er keine Zeit mehr für eigene Aktivitäten. Um den Pastor steht es schlecht, noch größer ist die Sorge um seine Frau und die vier Kinder (das fünfte ist unterwegs), denn Sartorius hat große Schulden gemacht.

Ende Juni ist es soweit. In Schönschrift trägt Pape ins Kirchenbuch ein:

> „18, Julii 4th 1800
>
> Herr Johann Heinrich Sartorius gewesener Prediger hieselbst, welcher d 30th Jun. des Morgens 10 Uhr, nachdem er 8 Wochen krank gewesen, gestor., alt 41 Jahr 7 Monate

und 11 Tage. Er ist seit d. 1th Nov. 1789 hiesëlbst Lehrer dieser Gemeine gewesen."

Nun naht auch für Samuel Christian Pape die Abschiedsstunde auf dem Grasberg. Wieder heißt es, auf die Reise gehen und Menschen zurücklassen, die man lieb gewonnen hat.

Er versucht noch, der Witwe und den Kindern soviel als möglich zu helfen, in ihrem neuen Lebensabschnitt klar zu kommen. Dann muss er wieder an sich selbst denken.

Ein Abstecher nach Visselhövede

Sehr wahrscheinlich wird er sich noch einmal kurz in Visselhövede aufgehalten haben. Wohin sollte auch einer wie er gehen? Der Vater dürfte recht zufrieden mit ihm gewesen sein, wenn er doch nur die Schreiberei weltlicher Verse lassen könnte.

Wieder hatte sich vieles geändert im Flecken seit seinem letzten Besuch. Die siebenköpfige Familie hatte kaum genug Platz im neu erbauten Pfarrhaus. Die Stiefmutter Marie Sophie war wieder schwanger, die Geburt sollte im Januar des nächsten Jahres erfolgen.

Wie auch schon bei früheren Besuchen muss sich Samuel Christian in einer Bürgerwohnung einmieten, im Pfarrhaus ist für ihn kein Platz mehr!

Pastor Henrich Pape kümmerte sich von früh bis spät um seine Gemeinde sowie die eigene Familie. Durch den großen Brand vor einigen Jahren sind alle Fleckensbürger enger zusammengerückt – im sprichwörtlichen Sinne ! Besonders Henrich Pape hat sich durch seine Tatkraft und seinen Optimismus hervorgetan.

Hatte er das nicht durch die Neugründung seiner eigenen Familie bewiesen, in seinem fortgeschrittenen Alter, in dem andere sich längst aufgegeben haben?

Vor zwei Jahren war eine neue Glocke hergestellt und letztes Jahr ist ein neuer hölzerner Glockenturm dafür errichtet worden. Der Wiederaufbau ging schneller vonstatten als alle gehofft hatten.

Samuel Christian Pape muss sich seltsam fremd vorgekommen sein. Zwar wurde er von allen Bürgern freundlich begrüßt, weil er für sie eine Persönlichkeit war, eben ein Studierter, ein angehender Pastor. Aber wie auch schon früher gehörte er nirgends richtig dazu.

Weder konnte er mitreden, wenn es um lokale Themen ging, noch verstanden ihn die Einwohner des Fleckens wirklich, wenn er von Pastor Sartorius aus Grasberg erzählte. Diese Moor- und Torfbauern waren ein ganz anderer Schlag als sie selbst.

Und die Kirche mit dem Pfarrhaus habe mutterseelenallein im Moor gestanden?

Keine Nachbarn weit und breit ?

Nein, das könne man sich nicht vorstellen.

Der junge Pastor sucht eine Pfarre

Lange hat sich Pape nicht in Visselhövede aufgehalten. Jetzt galt es, die Ausbildung endgültig zu beenden und vor dem Konsistorium in Stade das Predigerexamen abzulegen. Wohin es dann ging, das mögen die Götter entscheiden, oder besser der einzige Allmächtige.

Pape war es recht, er hatte es nicht in der Hand, fühlte sich vielmehr als Spielball im Leben.

Es ist nicht ganz klar, ob er überhaupt das Examen in Stade abgelegt, oder diese Prüfung erst später in Nordleda absolviert hat. Wenn ja, so wurde sicher wieder einmal sein außergewöhnliches Deklamationstalent gebührend hervorgehoben.

Zurzeit ist leider kein Platz in einer Pfarre frei, so dass man ihn noch einmal auf eine Warteschleife als Hauslehrer schickt. Offensichtlich war es aber nicht beim Justizrat Spilcker, wie an einigen Stellen angeführt wird, sondern wohl an anderem Orte, wahrscheinlich aber schon in Stade.

Wenn seine Vorgesetzten schon sein Redetalent loben, scheint ihnen der junge Mann vielleicht auch sonst förderungswürdig. Immerhin ist es der Sohn des braven Henrich Pape und der Enkel des Samuel Lappenberg.

Vielleicht bekommt er aus diesem Grunde im folgenden Jahr, also 1801, die 2. Predigerstelle in Nordleda. Das ist jedenfalls nicht aus der Welt, man würde sehen, was man weiterhin für Pape junior tun könnte.

Über den genauen Aufenthaltsort Papes in der Zeit von Sommer 1800 (Tod des Pastors Sartorius) bis April 1801 (Antritt der Pfarrstelle in Nordleda) sind wir also nicht ausreichend informiert.

Dass er sich allerdings in Stade aufhielt, ist sehr gut möglich. Es kann nicht lange dauern, bis irgendwo im Bremisch-Verdischen eine Pfarrstelle frei wird, dann heißt es, bereit stehen und präsent sein.

Und Pape spürt: wenn er jetzt nicht den nächsten Schritt ins Leben macht, verliert er vollends die Orientierung. An seine Dichtermission glaubt er nicht mehr. Das einzige erhaltene Gedicht, das ihm aus dieser Zeit zugeschrieben wird, hatte Arno Schmidt einst wegen seiner originellen Konstruktion gerühmt: im „Trauer- und Trostgesang einer Sünderinn im Gefängniß Oder: ihr Wechselgespräch mit Gott" findet ein Zwiegespräch abwechselnd von Strophe zu Strophe statt. Wie hölzern und naiv aber kommt das Metrum daher mit einem ausgeleierten Reim auf der ersten, zweiten, dritten und fünften Zeile:

> „O Seele, was ist das,
> Daß du weinest ohn' Unterlaß ?
> O Herr ! du weißt, was ?
> Du kennst ja meine schwere Sünde.
> Die macht mir die Augen so naß.
> Großen Schmerz ich empfinde."

Noch gequälter fließt die zweite Strophe träge dahin:

> „Sind die verweinten Augen dein?
> So ist auch die Erbarmung mein.
> O laß sie nur traurig seyn!
> Deine Zähren werden dir nützen.

> Sie sollen vor der ew'gen Pein
> In meinem Gericht dich schützen."

Entweder wurde dieses Gedicht von Reinhard nicht für den Musenalmanach angenommen oder Samuel Christian Pape hat es gar nicht erst vorgelegt. Jedenfalls wird er in den nächsten zehn Jahren keine weiteren Arbeiten veröffentlichen.

In Stade gab es für einen jungen, gebildeten Theologen genug zu tun. Das Athenaeum war in eine Krise geraten, an der auch der tüchtige Rektor Georg Alexander Ruperti (1784 bis 1804) nicht viel ändern konnte.

Die Vernachlässigung der sogenannten Realien an diesem Gymnasium, also der lebenspraktischen Fächer, zugunsten der alten Sprachen und der Philosophie sorgte für sinkende Schülerzahlen: von 81 im Jahre 1771 auf 63 im Jahre 1778. Am Ende der Franzosenzeit waren es gar nur 37 und auch dazwischen dürften es nicht mehr gewesen sein.

Da die heranwachsenden jungen Männer aus gutem Hause natürlich trotz dieser schulischen Missstände eine gute Bildung erfahren sollten, kam es zu einer Blüte des Haus- und Privatlehrerstandes. Es wird ein Leichtes für Pape gewesen sein, eine solche Stelle zu bekommen.

Übrigens hätte er in diesen wenigen Monaten einen weiteren Visselhöveder Pastor, den Nachfolger seines Vaters, kennenlernen können.

Wer weiß, vielleicht ist Hermann Schlichthorst, der Enkel Johann Hinrich Pratjes, erst durch Samuel Christian Pape auf die Idee gekommen, den Unruhen, die die französische Besetzung in Bremen mit sich brachten, nach

Visselhövede zu entfliehen. Schlichthorst war 1789 Subconrector am Gymnasium in Stade geworden, 1796 wechselte er als Conrector zur Domschule nach Bremen. Zwischen 1792 und 1797 gab er mit Ruperti zusammen philologisch-pädagogische Magazine heraus.

So mögen sich die beiden Männer auch in späteren Jahren aus beruflichen oder wissenschaftlichen Gründen häufiger in Stade getroffen haben. Ruperti bemühte sich sehr um eine bessere Lehrerausbildung und brauchte im ganzen Land Gewährspersonen, die mit ihm zusammenarbeiteten.

Nordleda

Im Frühling 1801 zeichnete sich ab, dass die 2. Pfarrstelle in Nordleda frei wird. Damit beginnt, wie man so schön sagt, ein neuer Lebensabschnitt für Samuel Christian Pape. Der 26jährige Pastor, der schon manche Station passiert, wohl auch manche Gelegenheit nicht beim Schopfe gepackt hat, schickt sich nun an, die Früchte seiner langjährigen Ausbildung zu ernten, sollte man meinen. Eigentlich sollte ja wohl ein Gottesmann dort zufrieden sein, wo man ihn hinstellt?!

Nun, wir haben bereits gesehen, dass es zu Beginn des 19. Jahrhunderts durchaus kritischere Stimmen gab. Auch haben wir mehrfach angedeutet, dass Pape von seiner Berufung zum Hirtenamt doch wohl nicht völlig überzeugt war.

Freilich hat er jedoch nichts ernsthaftes unternommen, eine andere Richtung einzuschlagen. So blieb ihm jetzt nichts anderes übrig, als die Pfarrstelle in Nordleda demütig anzunehmen.

Nordleda, im Hadeler Hochland gelegen, ist gar nicht einmal so weit von Wulsbüttel entfernt, ein Kreis beginnt sich zu schließen.

Im Jahre 1762 zählt Nordleda 314 Höfe, 1810 hat es 1271 Einwohner, die vorwiegend vom Ackerbau leben. Aber auch Handwerker finden ihr Auskommen: 56 Gewerbetreibende, darunter 26 Weber und 10 Zimmerleute leben im Jahre 1800 im Kirchspiel.

Die Bauern sind stolze, freiheitsliebende Menschen, die weit verstreut auf ihren oft großen Anwesen residieren. Im eigentlichen Dorf, rund um die Kirche, befinden sich fast nur die Behausungen der Tagelöhner und Handwerker.

Das Pfarrhaus unterscheidet sich in seinem Äußeren nicht von den übrigen Bauernhäusern mit Dreschdiele und Ställen, freilich mögen die Wohnräume nicht nach Bauernart eingerichtet gewesen sein.

Nach der Steuerveranlagung gehört Nordleda zu den reichsten Gemeinden des Landes Hadeln, mehr Abgaben leisten lediglich Altenbruch und Lüdingworth. Der Mittelstand herrscht vor, Großgrundbesitzer scheint es 1774 nur zwei gegeben zu haben. Auch stellt das Dorf einen hohen Anteil an Dienstleuten, die auswärts arbeiten, oft gegen freies Logis und geringes Entgelt. Wer große Ländereien zu beackern hat, fährt sechsspännig aus, die kleineren Bauern spannen zusammen, eine Praxis, die noch bis zum Ende des 19. Jahrhunderts üblich war.

Der relative Reichtum der Region resultiert aus dem Handel mit Holland, England und den Nachbargebieten, wodurch es sich von allen ländlichen Gegenden unterscheidet, die Pape bisher kennengelernt hat.

Der neue Pastor wird misstrauisch aufgenommen, wie es allen jungen Amtsinhabern geht. Zwar hatte ihn der Superintendent in Otterndorf noch einmal examiniert, denn im Lande Hadeln war dies Voraussetzung für den Amtsantritt, ungeachtet dessen, ob der Bewerber schon an anderer Stelle Pastor war oder nicht.

Aber dabei ging es ja in erster Linie um fachliche Dinge, etwa ob der Kandidat die alten Sprachen ausreichend beherrschte. Samuel Christian Pape konnte der Gemeinde in Nordleda als überaus intelligenter junger Mann aus einer gebildeten Familie vorgestellt werden.

Sicherlich beeindruckte dies die an Bildung durchaus interessierten Hadler Bauern. Immerhin schickten allein in den letzten zehn Jahren des 18. Jahrhunderts elf von ihnen ihre Söhne auf die Göttinger Universität. Darunter war auch einer, der Michael Wackhusen, aus Nordleda. Er wurde kurz nach Papes Amtsantritt Conrector in Otterndorf.

Die studierten Söhne konnten jedoch den großen Hof ihrer Väter übernehmen, falls es ihnen nicht gelang, einen Gerichtsposten in Otterndorf zu ergattern.

Pape jedoch kam als Fremder, der sich erst noch beweisen musste.

Wir dürfen vermuten, dass er das zur Pfarre gehörige Land verpachtet und nicht selbst bearbeitet hat, wie es übrigens bis zum Ende des 19. Jahrhunderts noch die meisten Geistlichen auf dem Lande taten. Möglicherweise hat er aber auch regelmäßig mit Hand angelegt, um sein relativ schmales Einkommen aufzustocken.

In Nordleda existierten – wie im ganzen Lande Hadeln – jahrhundertelang drei Pfarrstellen, was angesichts der Bevölkerungszahl verwundern muss. Aber in der „freien Bauernrepublik" war ja vieles anders.

Im Jahre 1794 wurde jedoch die 3. Pfarrstelle im Ort aufgehoben, was sicher der Dotierung der 2. Stelle zugute kam. Die erste Pfarrstelle in Nordleda besaß etwa 41 Hektar Land, das Gehalt betrug wohl zwischen 300 und 800 Taler im Jahr. Es war üblich, dass nach dem Tode des Inhabers dieser Stelle der zweite Pastor aufrückte.

Wahrscheinlich hatte die Gemeinde Nordleda schon Anfang 1801 Kontakt mit dem Konsistorium in Stade und in der Folge mit Pape persönlich aufgenommen. Mit dem ersten Pastor ging es zu Ende, Pape sollte wohl derjenige sein, der die entstehende Lücke schließen sollte.

Pastor Pape gründet eine Familie

Es gab jedoch vorher noch eine Kleinigkeit zu regeln. Die Gemeinden legten Wert darauf, dass ihre Pastoren verheiratet waren, eine vernünftige und nachvollziehbare Überlegung: der Pastor als ein Mensch wie du und ich.

Im Falle des Samuel Christian Pape verfuhr man nach altem Brauch. Es wurde ihm die Tochter des zweiten Pfarrers Rudolf August Lerche versprochen, die 17jährige Amalie Johanne Gustave. Somit würde also die Kirche in Nordleda ganz in Familienhand sein und obendrein würde Pastor Lerche ihm wertvolle Hilfe beim Eingewöhnen in die Gemeinde geben.

Da gab es nicht viel zu überlegen und am 10. April 1801 wird Samuel Christian Pape als Adjunctus in die Kirche in Nordleda eingeführt.

Acht Tage später stirbt der alte Pastor Johann Matthias Schneider, so dass Lerche erster und Pape zweiter Pastor wird. Ihr Arbeitsplatz ist eine der ältesten Kirchen im Land Hadeln. Um 1200 erbaut, ist sie dem heiligen Nikolaus geweiht. Die erste urkundliche Erwähnung stammt aus dem Jahre 1312.

Die Heirat ist für den 21. Juni vorgesehen, Sommersonnenwende. Es könnte eine Wende in Papes Leben werden. Er ist fest entschlossen, seine ganze Energie in das Hirtenamt und die entstehende Familie zu legen.

Ans Dichten oder Schreiben denkt er überhaupt nicht mehr, schon gar nicht daran, etwas zu veröffentlichen.

Jetzt gilt es, sich und der Welt zu beweisen, dass er ein guter Hirte sein kann.

Immer noch lastet der Schatten seines nun 56jährigen Vaters auf ihm, dieses Übermenschen. Der ist nun bereits seit 30 Jahren im Pastorenamt tätig, davon 18 Jahre in Visselhövede. Und während ihm im Herbst der kleine Ludwig im zarten Alter von vier Jahren wegstirbt, geht seine liebe Marie Sophie schon mit dem nächsten Kind unter dem Herzen schwanger. Ludwig Matthias Henrich Pape wird im Januar 1802 zur Welt kommen, von ihm wird noch ausführlich die Rede sein.

Sicher hat Samuel Christian Pape am 21. Juni 1801 das bittere Schicksal seines ehemaligen Mentors, des Pastors Sartorius aus Grasberg verdrängt. Wir erinnern uns: dieser Sartorius war vor gerade einmal knapp einem Jahr im Alter von gut 41 Jahren gestorben. Er war 31 Jahre alt, als er nach Grasberg kam, Pape ist jetzt 26.

So heiratet Pape also seine Amalie und versucht, sein Leben einzurichten. Tragischerweise hat er sich dafür die denkbar schlechteste Zeit ausgesucht, denn schwarze Wolken steigen am politischen Horizont empor.

Besatzungszeit, Not und Elend

Nicht nur, dass das aufstrebende Preußen seine Hände nach immer mehr Ländern ausstreckt. Die viel größere Bedrohung lautet: Napoleon. Frankreich schickt sich an, ganz Europa zu beherrschen.

Noch im Jahre von Papes Amtsantritt besetzen preußische Truppen das Kurfürstentum Hannover. Zwar ziehen sie im November des gleichen Jahres wieder ab, aber schon zwei Jahre später kommen die Franzosen.

Nun ist das Land Hadeln wie das ganze Kurfürstentum von einer fremden Macht erobert und besetzt.

Zu Unruhen kommt es nicht, alles geht recht gesittet vor sich. Erst langsam kommt die Besatzungsmaschinerie in Gang mit ihren diversen Steuern, Naturallieferungen, Requirierungen und Spanndiensten.

Sicher musste Samuel Christian Pape wie alle Geistlichen auf Anordnung der französischen Besatzungsmacht von der Kanzel das Volk beruhigen und es zum Gehorsam und zu Ruhe und Ordnung aufrufen.

Das Hadeler Land wird die ersten Forderungen noch vergleichsweise gut verkraftet haben bei seinem Reichtum. Fast schon am Ende war dagegen der Pfarrort seines Vaters. Der Visselhöveder Bürgermeister Johann Hinrich Brandes und seine Ratmänner schreiben am 20. Juli 1803 einen Bittbrief an die französischen Kantonsbeamten in Rotenburg, in dem es u.a. heißt:

> „Unser armer Ort, der ohnehin vor 6 Jahren das harte Schicksal hatte, durch eine

unglückliche Feuersbrunst größtenteils in die Asche gelegt zu werden, wird jetzt völlig ruiniert, und hält unser Schicksal nur noch kurze Zeit an, so muß der größeste Theil unserer Mitbewohner ihre Hütten verlaßen, und wir sämtlich sehen uns außer Stand gesetzt, die öffentlichen Landes Abgaben ferner tragen zu können."

Pastor Henrich Pape setzt lakonisch unter den Brief:

„In die Bitte an die Herren Beamten, Wohlgebohren, stimme ich da ich auch sehr leide, recht dringend gehorsamst mit ein. Pape, Pastor."

Wie soll Samuel Christian Pape unter diesen Umständen so etwas wie Alltäglichkeit und Normalität in seinem Seelsorgerdasein entwickeln!

Fast könnte man meinen, er habe diese Rastlosigkeit der äußeren Ereignisse seines Lebens in der verzehrenden Sehnsucht nach dem Elysium, nach seiner geistigen Heimat, in seinen Gedichten vorweggenommen. In dem wohl 1797 entstandenen Gedicht „Trennung" heißt es in der ersten Strophe:

„Nur zum Ungemach geboren,
Trieb ein Schiffer ohne Bahn,
Tag' und Nächte wie verloren
Auf des Lebens Ocean.
Im Gedräng' und im Gewirre
Lauter Wogen, ohne Licht,
Schifft' er trauernd in der Irre,
Seine Stätte fand er nicht."

Es schließt mit den Zeilen:

> „Weit und breit umher getrieben,
> Durch die Fluthen auf und ab,
> Fern der Heimath seiner Lieben,
> Findet er vielleicht sein Grab.
> Schiffer, siehst du jene Wüste,
> Wo die bösen Stürme wehn!
> Schiffer, Schiffer! diese Küste
> Wirst du nimmer wieder sehn!"

Selbstverständlich geht das Leben auch unter den Franzosen weiter. Menschen werden geboren und sterben, heiraten und wandern aus.

In Nordleda betrug die Geburtenrate pro 1000 Einwohner zwischen 1801 und 1810 38,79 mit fallender Tendenz wegen der unsicherer werdenden Verhältnisse.

Die Todesfälle erhöhen sich im Zeitraum von 1801 – 1820 nur mäßig von 26,27 auf 27,28. Das bedeutet immerhin mehr als eine solche kirchliche Amtshandlung pro Woche für die beiden Pastoren. Dazu kommen die Hochzeiten sowie Kindtaufen und natürlich die Kirchenfeste sowie die allsonntäglichen Gottesdienste.

Über Mangel an Arbeit brauchen sich Pastor Lerche und Pastor Pape also nicht zu beklagen. Hin und wieder mussten sie eine Reise nach Otterndorf antreten zum Superintendenten, der wiederum einmal im Jahr mit den Pastoren eine Schulvisitation durchführte.

Papes eigene Familie begann zu wachsen. Kindersegen galt unter den evangelischen Pastoren als eine Gnade Gottes. Samuel Christian selbst hatte ja insgesamt sechs Geschwister. Im Februar 1803 wird seine erste Tochter

Katharine Marie Amalie Agathe geboren. Ein Jahr später kommt ihr Bruder August Heinrich Johann Justus zur Welt – beide müssen freilich im unfreien Hadeln unter französischer Besatzung aufwachsen. Auch wenn Samuel Christian nicht unbedingt ein Patriot war – so hatte er sich seinen Lebenslauf nicht vorgestellt.

Der Herr gibt's, der Herr nimmt's

Aber es kam noch schlimmer! Kurz nach der Geburt seines ersten Sohnes erkrankt die Tochter an den Blattern und stirbt. Fürwahr keine Seltenheit zur damaligen Zeit und ein Pastor lebt tagtäglich in der Gewissheit, dass der Tod überall lauert.

Wenn es jedoch das eigene Kind trifft, verstummt alle Theorie. Tief betroffen mag Pape nun das am eigenen Leibe erfahren, was er in vielen seiner Gedichte einst so melancholisch über Tod und Trennung, Sehnsucht und Schwermut geschrieben hatte.

Kurz nach seinem vierten Jahrestag des Amtsantritts, solche Tage wurden früher weit mehr beachtet und geehrt, als dies heute der Fall ist, erhält Samuel Christian Pape eine weitere traurige Nachricht: sein Vater, der Pastor in Visselhövede, Henrich Pape ist am 17. April 1805, kurz vor Vollendung seines 60. Geburtstages gestorben.

Er hinterlässt seine Marie Sophie mit den fünf Kindern im Haushalt. Die drei Mädels aus erster Ehe, die leiblichen Schwestern des Samuel Christian, sind allesamt im heiratsfähigen Alter, lassen sich jedoch, außer Luise Margarethe Henriette, die bereits im folgenden Jahr 1806 einen Bremer Kaufmann heiratet, auffallend viel Zeit.

Die Stiefgeschwister sind inzwischen drei und zehn Jahre alt, sie werden ihre Mutter noch einige Zeit brauchen.

Sicher wird Samuel Christian den Kontakt zur geliebten Stiefmutter von nun an vertieft haben, wenn er denn überhaupt je locker geworden war. Einerseits dürften er und sein älterer Bruder Johann, der als Advokat und Notar arbeitete, die Witwe finanziell unterstützt haben.

Andererseits war sie für Samuel Christian die ideale Gesprächspartnerin. Möglicherweise hat er seine einst so glühende dichterische Phantasie in seine Briefe an sie umgegossen. Weniges davon teilt der spätere Herausgeber Fouqué mit, was obendrein durch seine eigene Wahrnehmung und Interpretation gefiltert ist.

Auf jeden Fall dürfte der Tod seiner ersten Tochter sowie des Vaters innerhalb von zehn Monaten einen tiefen Einschnitt in Papes Leben verursacht haben.

Er sollte wohl weiterhin keine Ruhe finden, wie die Gestalten in seinen Gedichten?!

Immerhin war er nun die Last losgeworden, es seinem Vater beweisen zu müssen, dass er seinen Mann stehen konnte. Dann aber wieder sehnte er sich nach der schönen Zeit in Visselhövede zurück, in der er als Jüngling unter den Fittichen des Vaters die kleine Welt entdeckte, die er doch so sehr liebte.

Nachfolger von Henrich Pape wird übrigens eben der Hermann Schlichthorst, der bis 1797 Subconrector am Gymnasium zu Stade war, danach Subrector an der Domschule in Bremen.

Vielleicht kannten sich Pape und Schlichthorst tatsächlich schon aus Stade, wie wir bereits vermuteten. Falls nicht, so hat sich Schlichthorst nun, nach dem Tod seines Vorgängers mit Sicherheit näher mit dem Schicksal der Familie Pape beschäftigt.

Sein eigener Großvater, Johann Hinrich Pratje (1710-1791) und Papes Großvater, Samuel Christian Lappenberg

(1720-1788) haben schließlich in vielfältiger Weise zusammengearbeitet, vor allem in der Sammlung der „Herzogthümer Bremen und Verden" (6 Bände, 1757-1762).

Selbstgewählte Isolation

Jetzt erst, hier in Nordleda, spürte er am eigenen Leib, dass diese Zeit der Jugend wirklich niemals wiederkehrt, dass er wahrlich sein „Elysium" suchte, die Wellen ihn hin und her warfen.

Warum nur konnte er sich nicht so recht einleben, hier im Hadeler Land ?

Er blieb ein Fremder für die Bauern, obwohl er sich bemühte, es ihnen recht zu machen. In ihm floss nun einmal kein bäuerliches Blut.

Er fand aber auch keinen Anschluss in gebildeten Kreisen, weil er sich selbst ausschloss. Obwohl er sich durch seine Hiob-Übersetzung als glänzender Orientalist erwiesen und mit seinen zahlreichen veröffentlichten Gedichten im Göttinger Musenalmanach an die Öffentlichkeit getreten war, unternahm er wohl später keine weiteren Aktivitäten, zu anderen „Männern des Geistes" in näheren Kontakt zu treten, etwa zu fruchtbarem Gedankenaustausch.

Immerhin mag der Mangel an gleichgesinnten und verständigen Gesprächspartnern auch ein Grund dafür gewesen sein, weswegen seinerzeit Anno 1782 Johann Heinrich Voß das benachbarte Otterndorf verließ und nach Eutin gegangen war.

Und sollte Samuel Christian niemals den Wunsch verspürt haben, das eine Tagesreise entfernte Meldorf im Holsteinischen zu besuchen, um den berühmten Lüdingworther Carsten Niebuhr, der in den sechziger Jahren (1761-67) Arabien bereist hatte, sowie den guten

Heinrich Christian Boie, den er eventuell aus Göttingen kannte, zu besuchen?

Es war immerhin die Zeit, als sich die Gelehrten aus aller Herren Länder bei jeder Gelegenheit gegenseitig Besuche abzustatten pflegten.

Aber unser Samuel Christian Pape scheint sich völlig abgekapselt zu haben. Dass ein Geistlicher seiner Zeit, ein Protestant versteht sich, sich keineswegs auf Bibel und Gottesdienst einschränken musste, hatte sein Großvater doch bewiesen, ganz zu schweigen von den „Großen" wie Lavater und gar Herder.

Auch weiterhin geht es recht stürmisch zu auf der See des Lebens, auf der Pape mit seiner Familie treibt. 1806 wird sein zweiter Sohn Ludwig Heinrich Gustav Eugen geboren.

Zwischenzeitlich lösen die Preußen die Franzosen wieder einmal ab, jedoch nur für einige Monate. Im Oktober desselben Jahres sind die Truppen Napoleons zurück. Jetzt soll das Land erst recht ausgepresst werden, ständig werden neue Abgaben verlangt. Übrigens werden die Geistlichen davon nicht so sehr getroffen, sie brauchen nur geringe Steuern zu bezahlen.

Im April des darauffolgenden Jahres, zwei Tage vor dem zweiten Todestag des Vaters, wird die Johanne Gustave Amalie Agathe geboren. Doch auch mit dieser Tochter haben die Papes kein Glück, nach gut sieben Monaten stirbt das Mädel an der Schwindsucht.

Auch Papes Gemeinde hat allerhand auszustehen unter der französischen Besatzungsmacht. Im Jahre 1807 wird eine außerordentliche Kriegskontribution erhoben, die es erlaubt, den reichen Bürgern bis zu 15% ihres Jahreseinkommens abzuknöpfen.

In der Folgezeit kommt es zu vermehrten Auswanderungen verarmter Familien, allerdings selten nach Übersee – die Hochzeit der Amerikaauswanderung sollte erst noch kommen.

Auch rückten jetzt französische Zollbeamte in das ganze Land ein, die besonders den Schmuggel aus England unterbinden sollten, welches durch die verhängte Kontinentalsperre wirtschaftlich ausgehungert werden sollte.

Der junge Witwer

Im Juli 1808 holt das Leben zu einem neuen Schlag gegen Samuel Christian Pape aus, härter und schlimmer als alle vorherigen: seine Ehefrau Amalie Johanne Gustave, die Tochter des Pfarrers Rudolf August Lerche, stirbt an der Schwindsucht. Pape bleibt mit den beiden Söhnen, zwei und vier Jahre alt, zurück. Die ganze Gemeinde hat Mitleid mit ihm. Noch keine 34 Jahre zählt er und doch fühlt er sich wie ein Greis.

Fouqué führt in seiner Ausgabe der Gedichte Papes für das Jahr 1814 zwei Gedichte an, „Paris" und „Nachblick". Keines von beiden dürfte zu so später Zeit entstanden sein.

Die Beschäftigung mit der griechischen Mythologie fällt in Papes Vikariatszeit in Grasberg, als auch „Morpheus" und „Ulysses" entstanden, beide im Göttinger Musenalmanach auf das Jahr 1800 abgedruckt. Der „Nachblick" kann sich nur auf den Tod seiner ersten Frau beziehen und wird wohl ziemlich bald danach entstanden sein.

In eigentümlicher Weise überlagern sich in diesem sechsstrophigen kleinen Gedicht der naive fünffüßige Jambus, bald lustig hüpfend, bald zäh leiernd, mit dem traurigen Thema des Verlustes der Ehefrau. Wir spüren hier eher zwischen den Zeilen Papes Leid, während das Metrum gegenteilige Empfindungen hervorruft:

> „Da fährt sie hin! und ihre Segel schwellen,
> Und tragen sie von meiner Liebe fern.
> Wie gern wär' ich mit euch, ihr Wind' und Wellen,
> Wie gern mit euch, wie gern !

Nun sind sie hin, die ewig theuren Stunden,
Da ich doch einmal dieses Lebens Glück
Zu meiner Lust, zu meiner Qual empfunden,
Und kehren nie zurück!

O Trauerstund', als ich mit schwerem Herzen,
Die Fröhlichkeit geheuchelt, zu ihr ging,
Als ich von ihr, mit unterdrückten Schmerzen,
Den letzten Gruß empfing!

Ich sprach: Leb' wohl! und nun hinaus, geschieden,
Hinaus von ihr, den bangen Schritt gewagt.
Mir war's, als hätt' ich ewig meinem Frieden
Das Lebewohl gesagt.

Was ich um sie, was ich in jenen Tagen
Um sie geweint, um sie gelitten all,
Das kann ich nicht, auch darf ich's Niemand sagen,
Was ich gelitten all.

Da fährt sie hin! Die hellen Segel schwinden,
Kaum dämmert's noch in blauer Fern' empor.
Gott lasse sie den Frieden doppelt finden,
Den ich durch sie verlor!"

Wie sehr es Pape auch um seinen eigenen Seelenfrieden zu tun war, zeigt der Schluss des Gedichtes, der sehr viel

Hilflosigkeit ausstrahlt, wie sie für den unmittelbaren Verlust einer geliebten Person nicht anders zu erwarten ist.

Nichts im Leben scheint ihm leicht zu fallen. Es ist gut möglich, dass er zu dieser Zeit ein wenig mehr trinkt, als er verträgt. So ganz unbekannt ist die Trunksucht unter den Geistlichen seiner Zeit nicht gewesen. Immer wieder einmal bezichtigen sie sich gegenseitig des liederlichen Lebens und des Alkoholmissbrauchs. Wirkliche Konsequenzen haben sie offensichtlich deshalb nicht zu gewärtigen.

Später wird es auch von Samuel Christian Pape heißen, er sei an die Flasche geraten und „wollte seinen Mißmuth bei der Bouteille verscheuchen", eine sehr vornehme Formulierung für den Umstand, dass er zum Säufer geworden war.

Nach außen mag ihm der Trunk Sicherheit in seinen Amtsgeschäften geben, im Inneren seines Herzen sieht es düster aus.

Herzzereißende Briefe gehen an die Stiefmutter nach Visselhövede, die er gerade jetzt wieder in seiner großen Not als Ansprechpartnerin braucht. Er sei jetzt als Witwer „so äußerst hypochondrisch, und dabei so träge und faul, als ich nie gewesen bin..."

Fast schon flehend und die Vergangenheit beschwörend ertönt der Hilferuf:

> „Lieben Sie mich weiter so herzlich, als in den glücklichen Zeiten, da ich noch in Bremen auf der Schule war; und um mir das zu beweisen, lassen Sie künftig das Sie weg, und nennen mich Du und Ihren Samuel, denn das wünsche ich immer zu bleiben."

So träumt also Samuel Christian Pape von den guten alten Zeiten und verrät uns im nachhinein, dass nicht die Mutter, sondern die damalige Haushälterin und spätere Stiefmutter die gute Seele im Hause war, die ihn herzlich gern hatte und deren Zuneigung er zeit seines Lebens erwiderte.

Das Leben geht weiter

Glücklicherweise löst der Verlust seiner Frau nach einiger Zeit der völligen Desorientierung auch wieder neue Kräfte aus. Die Kinder brauchen eine Mutter und eine Frau für den zweiten Pastor zu Nordleda ist schnell gefunden.

Es ist die Tochter seines Amtsvorgängers, des kurz nach seinem Amtsantritt verstorbenen Johann Matthias Schneider. Die Johanna Marie Elisabeth war damals knapp vierzehn Jahre alt. In der Folgezeit hat er ihre Entwicklung mit Wohlwollen verfolgt.

Jetzt wird die Hochzeit auf den Herbst 1809 festgesetzt, eben nach Ablauf des Trauerjahres. Sie wird in Bremen vollzogen, immerhin ein Zeichen dafür, dass Samuel Christian Pape gewillt ist, seinen selbstgewählten Isolationsring aufzubrechen.

Vielleicht möchte er seiner jungen Frau die berühmte alte Hansestadt zeigen, die ihm aus seiner Schulzeit noch gut in Erinnerung ist. Wahrscheinlicher ist jedoch, dass die Trauzeugen aus Bremen stammten bzw. dort unabkömmlich waren. Zu denken ist an seinen Bruder Johann, der als Advokat und Notar tätig war sowie die übrigen Verwandten der väterlichen Linie, die ja alle aus Bremen stammten.

Nach vielen Jahren des dichterischen Verstummens scheint Pape nun wieder zu schreiben, wenn auch ohne Ambitionen. Die Zeit der Musenalmanache ist endgültig vorüber und die politischen Verhältnisse sind alles andere als günstig für die schönen Künste. Außerdem glaubt Pape längst nicht mehr an sein besonderes Talent zum Schreiben.

Wie vor fast fünfzehn Jahren aber drängen ihn seine tiefsten inneren Gefühle, das Erlebte in Gedichtform niederzulegen. Es entsteht so das Gedicht „Von der Nordküste", aus dem wir erfahren, was Samuel Christian Pape in diesen Jahren am meisten bewegt.

Es ist nicht, wie wir vermuten könnten, der Verlust seiner ersten Frau sowie zweier Kinder – so schmerzhaft dieser auch war. Das Leben musste schließlich weiter gehen.

Eine viel tiefere Schicht der Frustration und Resignation kommt zutage. Es ist die alte Sehnsucht nach Heimat, Kindheit und Glück. Die erste Strophe des Gedichtes lautet:

> „ Am entfernten Meeresstrande
> Träum' ich von dem bessern Lande
> Meiner Kindheit manche Nacht.
> Ach, es ist ein Traum! Doch einer
> Von den alten, der, wie keiner,
> Immer täuschend glücklich macht."

Da wird die „väterliche Flur" beschworen mit den weidenden Lämmern „auf den freien, braunen Heiden meiner heimischen Natur", „die grünen Felder, im Gehäge dunkler Wälder, wo die Quelle murmelnd rinnt".

Kein Zweifel, Pape meint Visselhövede, den Heideflecken und die Visselquelle. Welch ein Kontrast zu seinem jetzigen Aufenthaltsort, wie er uns in den letzten drei Strophen geschildert wird:

> „Dann erwach' ich; und mit Trauer
> Starr' ich auf die Kirchenmauer.
> Kaum von Morgenlicht besonnt.
> Horch! schon weht es – und herüber

Ziehn die Wolken immer trüber
Vom gestreiften Horizont.

Und es jagt und wölkt sich weiter,
Und es stürmt den Himmel heiter,
Um ihn dunkler zu beziehn.
Nebel steigt und senkt sich wieder
Auf die nasse Fläche nieder.
Lust und Freude muß entfliehn!

Ach! daß ich den Heimgang wüßte
Von der rauhen Meeresküste!
Denn daheim genes' ich nur.
Ohne Freuden, ohne Schmerzen,
Schwer und kalt sind hier die Herzen,
Wie die nordische Natur."

Er beklagt sich bitter – dies nicht als erster: Voß! – über das feuchte, neblige Klima des Hadeler Landes und schließlich gipfelt sein Wehklagen in der Verurteilung der schweren und kalten Herzen seiner Mitmenschen in Nordleda.

Da macht einer gewaltig seinem Herzen Luft, wobei gewiss der subjektive Faktor stärker ins Gewicht fällt als die äußeren Missstände.

Wehmütige und sehnsuchtsvolle Verse hat Pape schon früher verfasst und am Klima lässt sich nun einmal nichts ändern. Ernster zu nehmen ist jedoch die Identifikation der „Heimat" am westlichen Rande der Lüneburger Heide, eben Visselhövede. Nebenbei bemerkt herrscht dort tatsächlich ein anderes Klima als im maritimen Nordleda, nämlich Landklima!

Zwar hat es auch in Wulsbüttel Heide gegeben, selbst in der Umgebung Nordledas ist dieses Gewächs nicht unbekannt. Aber jeder Mensch – zumal kreative, fantasievolle Geister – hat nun einmal seinen Ort auf Erden, der am besten zu seinem Naturell passt, ihn am meisten inspiriert, wenngleich er oft auch die Quelle für große Enttäuschungen darstellt.

Nicht allen Menschen ist es gegeben, einen solchen Platz zu finden: Lessing fand ihn bis zum Schluss auch in Wolfenbüttel nicht, Lenz war heimatlos und auch der Pape eventuell persönlich bekannte Bürger wurde in Göttingen alles andere als glücklich.

Andererseits ist Goethe nicht ohne Weimar, Storm nicht ohne die Nordseeküste und Kant nicht ohne sein Königsberg denkbar. Und Arno Schmidt gehört wohl irgendwie in die Lüneburger Heide.

Es mag also gut sein, dass Pape den Ort seiner Musen in Visselhövede glaubte, auch wenn er kaum mehr als fünf, sechs Jahre dort verbracht hat.

Solche resignativen und anklagenden Töne, wie sie uns in Papes Gedicht von der Nordküste begegnen, mögen viele Menschen im Verborgenen anschlagen. Pape geht einen Schritt weiter: er lässt die Verse im November 1811 im Hamburger Morgenblatt abdrucken, auch dies ein Indiz dafür, dass er sich aus seiner Jahre währenden Lethargie ein wenig löst.

Oder ist der Abdruck etwa völlig ohne Papes Wissen erfolgt?! Sein alter Freund und Mentor Karl Reinhard lebt eben seit 1811 in Hamburg, wohin er aus dem nahen Ratzeburg gezogen ist. Will er das einstige Talent weiter fördern, ihn aufmuntern, wieder zu schreiben? Sehr wahrscheinlich war der Kontakt nie ganz abgebrochen zwischen den beiden.

Wie dem auch sei, die Veröffentlichung hat durchaus auch negative Konsequenzen. Die Gemeinde Papes in Nordleda und die Menschen im übrigen Hadeler Land verstehen ihren Pastor ganz und gar nicht.

Wie will ein Hirte Gottes zu den Herzen seiner Schäfchen vordringen, wenn er sie vor aller Welt als schwer und kalt bezeichnet?

Nun büßt Pape den letzten Rest Vertrauen ein, das er doch so dringend für seine tägliche seelsorgerische Arbeit braucht.

Dass der Pastor Pape in seiner Umgebung nicht zufrieden war und mit seinem Schicksal haderte, konnte niemandem entgangen sein, jetzt aber fühlen sich viele durch ihn beleidigt. Papes erster Schwiegervater kleidet seine Antwort auf die Herausforderung in folgende Worte, die zwar nicht veröffentlicht wurde – das Hamburger Morgenblatt hatte die anonyme Einsendung abgelehnt, gleichwohl aber Pape zugetragen worden sein dürfte :

> „Freund! wir wünschen dir und gönnen dir das Glück, dich los zu trennen von uns, und dahinn zu ziehn!"

Das ist sicher aufrichtig gemeint, auch ist die Anrede „Freund" nicht übertrieben. Bloß – wohin soll Samuel Christian ziehen, sein Leben scheint vollends in der Sackgasse zu enden. Obendrein beginnt er zu kränkeln. Es ist Herzasthma, was ihm das Predigen immer mehr erschwert. Und er greift zur Flasche, um die Sorgen zu vergessen.

Das sind wahrlich keine guten Voraussetzungen, seiner zweiten Frau zur Seite zu stehen, die jeglichen Beistand nötig hätte.

Gut neun Monate nach der Hochzeit kommt Alexander Johann Matthias Eduard auf die Welt. Doch nach nur drei Monaten verlässt er sie schon wieder. Es ist das dritte Kind, das Pape kurz nach der Geburt zu Grabe tragen muss. Nur die beiden Knaben aus der ersten Ehe sind am Leben geblieben und machen sich prächtig.

Zum Glück sind sie noch klein. Sonst hätten sich ihre Eltern weitere große Sorgen ihretwegen machen müssen.

Diener für fremde Herren

Denn im Jahre 1810 wird zusätzlich zu den diversen finanziellen und Arbeitsleistungen an die Franzosen die allgemeine Wehrpflicht eingeführt. Das führt dazu, dass viele junge Männer Fahnenflucht begehen. Sie verstecken sich irgendwo in der Umgebung, in der Hoffnung, der Spuk möge bald vorübergehen oder fahren gar zur See.

Dass die französische Besatzungsmacht die Angelegenheit sehr ernst nimmt, sehen wir an den Zahlen der zum Dienst eingezogenen Rekruten: bereits im ersten Jahr (1810) waren es 31 aus den Kantonen Otterndorf und Neuenkirchen, 1811 sind es insgesamt 93 aus dem Kanton Otterndorf, 1812 noch einmal 78 und 1813 schließlich 32. Für 1812 werden 31 Fahnenflüchtige aus dem Land Hadeln gemeldet.

Pape ist, wie jeder Pastor im besetzten Gebiet, angehalten, am Sonntag von der Kanzel die Namen der Fahnenflüchtigen zu verlesen und die Angehörigen dringend zu ermahnen, ihre Söhne und Enkel zur Rückkehr zu veranlassen. Reichere Hofbesitzer konnten freilich ihre Kinder vom Militärdienst freikaufen, indem sie einen Stellvertreter entsandten, den sie auszahlen mussten.

Wenigstens dieses Unglück also blieb Pape erspart.

Jedoch dachten nicht alle so negativ von den Franzosen. Es gab wahrhaftig in Otterndorf den Königlichen Gerichtsdirektor Dr. Johann Friedrich Sarnighausen, der einen Klub gründete, der sich zum Ziel setzte, die Ideen der Französischen Revolution zu pflegen.

Außerdem verstanden es die Franzosen exzellent, bei ihren zahlreichen Staats- und Siegesfeiern das Volk mit einzubeziehen, welches denn auch nichts dagegen einzuwenden hatte, das eine oder andere Freibier auf das Wohl des Kaisers Napoleon zu trinken.

Für die patriotisch gesinnten Hadeler mag es also eine schwere Zeit gewesen sein, für die Pastoren um so mehr, als sie doch für alle Menschen da sein mussten, egal, welcher politischen Richtung sie angehörten .

Wohl nach dem Tod des kleinen Alexander schreibt Pape eine Erzählung, die den Titel „Vaterschmerz" trägt. Fouqué datiert sie auf 1812, was sehr realistisch erscheint. In ihr vermischen sich auf seltsame Weise die Ebenen des Ich-Erzählers, der Hauptfigur Möhring und des Autors selbst.

Der Ich-Erzähler berichtet von der Bekanntschaft mit Möhring, einem gutmütigen und wehmütigen Vater, dessen siebenjähriger Sohn an einer Krankheit stirbt. Nach einem weiteren Jahr stirbt auch der alte Möhring, zerfressen von Gram und Trauer über den Tod seines Kindes. Der Ich-Erzähler kann den großen Schmerz dieses Mannes mitfühlen, hat er selbst doch vor kurzem ein liebes Kind durch den Tod verloren. Die Geschichte endet mit den für Pape typischen Worten:

> „Du bist nun glücklich, alter Freund! Mich knüpfen noch andere Bande an dieses Leben. Sonst – o ! was kann süßer sein, als sich hinüber zu weinen, so wie du, und denen nachzuzufolgen, die vorangingen."

Im Jahre 1812 war Papes zweiter Sohn Ludwig im siebten Lebensjahr, sein jüngster, Alexander, war knapp zwei Jahre tot. So hat denn Pape in der Gestalt des Möhring sein eigenes Schicksal abgebildet und weitergedacht durch das Kunstmittel der Verfremdung. Die Identifikation mit Möhring kann er innerlich nicht zulassen, er ist Beobachter und Erzähler, der seinen eigenen Schmerz nur andeutet.

Wir haben damit eine der schwächsten Stellen des Samuel Christian Pape berührt, die wahrscheinlich eine nicht geringe Bedeutung für seinen dichterischen Mißerfolg in seiner Frühzeit hat.

Zwar schreibt er, wie wir gesehen haben, zwischen etwa 1795 und 1800 eine Reihe ganz artiger Gedichte, voll mit Gefühlswallungen, Sehnsüchten und Schicksalen. Was ihnen jedoch zu allererst fehlt, ist die Authentizität. Wenn Pape selbst all das durchlitten hat, was in seinen Gedichten angedeutet und ausgeführt wird, wenn er also nicht etwa hypochondrisch veranlagt sein sollte, dann gelingt es ihm zumindest kaum, diese seine Empfindungen glaubwürdig und authentisch zum Leser zu transportieren.

Das gilt ebenso für die einzige Erzählung, die wir von ihm kennen. Es gelingt Pape nicht, sich durch das Schreiben Luft zu machen und gestärkt und geläutert daraus hervorzugehen. Er bemitleidet sich selbst und dringt dabei desto tiefer in sein vermeintliches Elend ein.

Hätte er die Kraft einer wirklich kathartischen Art und Weise der Dichtkunst erspüren können, so sähen seine Werke und sein ganzes Leben sicher anders aus. Am Ende der Geschichte überlebt nur der Ich-Erzähler, den wir getrost mit Pape gleichsetzen dürfen, der sich ebenfalls dorthin sehnt, wo sein Freund Möhring und die beiden Kinder ruhen.

Hat sich nicht aber Pape selbst bereits aufgegeben und ist er nicht innerlich, eben wie sein alter ego Möhring, abgestorben?

Abreise von Friedbad

Etwa zur gleichen Zeit entsteht das kleine Opus „Die Abreise von Friedbad. Briefe an Sidonie". Ob diese umfangreichen Briefe jemals abgeschickt wurden, wissen wir nicht. Gerichtet sind sie jedenfalls an die Stiefmutter in Visselhövede. Sofern die Briefe von wahren Begebenheiten und nicht von Fiktionen berichten, hatte Samuel Christian Pape eine kleine Reise in das geliebte Friedbad gemacht und wollte sich nun von dort aus einen lang gehegten Wunsch erfüllen und seinen Jugendfreund Albert in Mariendorf besuchen. Dieser habe ihn aber schon am Vorabend in Friedbad abgeholt, weil er es nicht abwarten konnte, seinen Freund im Arm zu halten.

Er berichtet davon, wie er es nicht über das Herz brachte, sich zu verabschieden, sondern wie er sich heimlich „wie ein Flüchtling" gemeinsam mit Albert auf den Weg nach Mariendorf machte.

Mit Friedbad könnte Göttingen gemeint sein, denn es ist auch von einer Komödie der „Piccolomini" die Rede, die die beiden dort besuchten, von den Prager Musikern, die eine Symphonie spielten sowie vom Abendessen in der „Goldenen Krone". Dann wäre Albert wohl ein ehemaliger Kommilitone aus Göttinger Zeiten, der in der Nähe wohnte.

Diese Reise könnte Pape etwa nach dem Tod seiner ersten Frau und vor der Heirat mit Marie Elisabeth Schneider, also zwischen Juli 1808 und Oktober 1809 gemacht haben, sozusagen als Erholungsreise oder gar als Kur. Er hatte sich ja selbst in dieser Zeit als „äußerst hypochondrisch, träge und faul wie sonst nie zuvor" eingeschätzt.

Eventuell brauchte er auch so etwas wie eine Entziehungskur vom Alkohol!

Wahrscheinlich hat Samuel Christian Pape aber Nordleda gar nicht verlassen. In seiner Erzählung vermischen sich vielmehr Traum und Wirklichkeit, Wunsch und Realität ineinander.

Seine reale Stiefmutter heißt natürlich Marie – deshalb ist es interessant, dass der Freund Albert in Mariendorf wohnt. Die Figur des Albert wiederum ist aus der Literatur in Goethes „Leiden des jungen Werther" gut bekannt, des Verlobten Lottes, die Werther anbetet.

Es sieht nun ganz danach aus, als hätte Samuel Christian Pape seine starken Emotionen und Jugenderinnerungen im Zusammenhang mit seiner Stiefmutter dergestalt verarbeitet, dass er ihr begeistert von einem idealisierten Jugendfreund berichtet, eigentlich aber seine tiefe Zuneigung zu ihr selbst meint:

> „Damahls, o Sie wissen es, wie sehnlich
> Ich von meinem Jugendfreunde sprach;
> Wie mein Auge bei dem Namen Albert
> Oft in Thränen süßer Wehmuth brach!
> Immer war's von meinen Lieblingsplanen
> Einer, nach Mariendorf zu gehen,
> Meinen Albert dort zu überraschen,
> Und die Fülle seines Glücks zu sehen.
> Ich bin dort, ich bin bei ihm. Verlassen
> Hab ich Friedbad in vergangner Nacht.
> Aber alles ist mir noch, als wär ich
> Träumend, kaum aus einem Schlaf erwacht.
> Dieses munt're, immer rege Städtchen,
> Diese fromme, kleine Freudenwelt,

> Diese Freistatt, wo der Mensch zum Menschen
> Brüderlich und friedlich sich gesellt,
> Diese schönen, vielgeliebten Kreise,
> Wo die Leiden, wo die Sorgen fliehn;
> All' dies Herrliche hab' ich verlassen,
> Um ein stilles Dörfchen zu beziehn..."

gerade so, wie wir uns Lottes Albert vorstellen – im Gegensatz zum bedauernswerten Werther (=Pape). In Goethes „Werther" schreibt der Ich-Erzähler seinem Freund Wilhelm über Albert:

> „...und nun der ehrliche Albert, der durch keine launische Unart mein Glück stört, der mich mit herzlicher Freundschaft umfaßt, dem ich nach Lotten das liebste auf der Welt bin – Wilhelm, es ist eine Freude uns zu hören, wenn wir spazieren gehen und uns einander von Lotten unterhalten, es ist in der Welt nichts lächerlichers erfunden worden als dieses Verhältnis, und doch kommen mir drüber die Tränen oft in die Augen."

(Münchner Ausgabe, Bd. 1, S.231)

Es ist nicht ausgeschlossen, dass sich Pape unbewusst mit Werther identifiziert, die für ihn gegen alle gesellschaftliche Norm unerreichbare Stiefmutter wird durch Lotte verkörpert, während Albert in Gestalt seines eigenen Vaters nach dessen Ableben beständig als Rivale durch Papes Kopf geistert.

Im Geiste immer bei ihm ist auf jeden Fall die geliebte Sidonie, wie der Wohnort Alberts (=Mariendorf) verrät.

Er selbst ist der einsame Wanderer, der die „fromme, kleine Freudenwelt" der Stiefmutter verlässt, um dem Jugendfreund (=dem Vater?) in die Arme zu fallen.

Wenn uns nicht alles täuscht, so atmet dieser Brief den Werther-Geist durch alle Poren und offenbart uns Papes Seelentiefen, der gerade so, wie der unglückliche Werther seinen Platz im Leben nicht findet.

Aber auch mit dieser nachempfundenen Atmosphäre hinkt Pape seiner Zeit um gut dreißig Jahre hinterher. Man beachte z. B. den Beginn des zu Lebzeiten wie die Papeschen Briefe ebenfalls nicht veröffentlichten Briefromans „Abelard und Heloise" von Jean Paul Richter, den dieser 1781 verfasste:

> „Kaum hast du mich verlassen, Liebster! So folgt schon ein Brief. Ach lang' hab ich dir nachgesehen, weinend nachgesehen, da wir an einem Hügel uns schieden. Wie mir's so warm um's Herz ward! – Die Träne quol, da ich an deiner Seite gieng und dich vielleicht zum leztenmal umarmte..." (Werke, Hanser Bd.II/1, S.118)

Seit dieser Zeit war auch auf literarischem Gebiet viel passiert, Pape jedoch schien im alten Geist zu verharren.

Immerhin gibt es innerhalb der „Briefe" ein kleines Gedicht, vielleicht sein letztes erhaltenes, in dem zumindest das Metrum eine gewisse Leichtigkeit und Flexibilität an den Tag legt, die wir in früheren Gedichten so oft vergeblich suchten.

Wenn auch die Tonart und das Vokabular nach wie vor wehmütig und sehnsuchtsvoll klingen, so scheint doch eine gewisse Läuterung und Abklärung zwischen den Zeilen hindurch:

> „Vergeßt euch nicht!
> Die schönen Sommertage,
> Sie werden bald mit ihrer Lust vergehn.
> Die Trennung naht mit jedem Glockenschlage zu uns heran.
> Es ist die bange Frage,
> Ob wir uns dann noch Ein Mal wiedersehn?
> Das Lebewohl, das dann das Herz zum Herzen spricht,
> Vergeßt es nicht!
>
> Bald kommt der Herbst,
> die Sonne wird erblassen;
> Kein Schatten birgt die lieben Stätten mehr;
> Die Bänke stehn, die traulichen, verlassen;
> Und einsam sind die menschenleeren Gassen;
> Und die Allee wird öd' und freudenleer.
> Den Trennungsmorgen, der das Herz in Wehmuth bricht,
> Vergeßt ihn nicht!
>
> Ihr hattet hier den heitern Sinn gefunden,
> Und holde Lieb' und edle Freundschaft hier.
> Doch jeder Reiz des Lebens geht verschwunden;
> So gehn auch sie, die ewig theuren Stunden;
> Die Zeit ist um, und scheiden müssen wir.
> Die schöne Zeit, und o ! des Dankes schöne Pflicht,
> Vergeßt sie nicht.
>
> Wie glücklich ist, wer fröhlich aller Enden

Ein reines Herz in seinem Busen hält!
Wohin ihn auch des Lebens Mächte senden,
Sein bestes Glück trägt er in eignen Händen,
Und überall ist seine Freudenwelt.
Und wo er scheidet, sagt sein freundlich Angesicht:
Vergeßt mich nicht!"

Im wirklichen Leben, fern jeglicher Dichtung, dürfte Samuel Christian Pape selten Muße noch Geld besessen haben, eine längere Reise zu unternehmen. Auch wird das Reisen zur französischen Besatzungszeit alles andere als angenehm gewesen sein. Man konnte nie wissen, ob die Postkutsche nicht konfisziert wurde oder aus anderen Gründen nicht fuhr.

Dennoch war ein solches Unterfangen für einen Geistlichen relativ sicher, da die Franzosen sie nicht für den Militärdienst verwendeten, sie vielmehr für die Aufrechterhaltung der Ordnung dringend benötigten.

So mag denn Pape die eine oder andere Reise angetreten haben, solange ihm dies sein Gesundheitszustand erlaubte.

Warum sollte er nicht noch einmal sein Visselhövede besucht haben, um die Stiefmutter und seine Geschwister zu sehen und um wenigstens noch einmal im Leben eine Ankunft im Elysium zu inszenieren, von der er bis an sein Lebensende zehren würde. Vielleicht aber war er niemals mehr dort. Vielleicht hat er gar Nordleda nur noch verlassen, um in Dienstsachen nach Otterndorf oder allenfalls bis nach Stade zu fahren?

In Visselhövede jedenfalls wachst der Knabe heran, dem wir letzten Endes die postume Veröffentlichung des Hauptteils der Papeschen Gedichte verdanken.

Papes Halbbruder Ludwig Matthias Henrich müsste unserem Dichter, auch wenn er seine Bekanntschaft vielleicht niemals gemacht hat, besonders nahegestanden haben, waren doch in ihm die Lebensgeister des geachteten und gefürchteten Vaters und der geliebten Stiefmutter verbunden.

Da er aber erst 1802 geboren wurde, konnte sich der persönliche Umgang beider in nur beschränkten Bahnen abspielen. Viel mehr als den gerade ins Jünglingsalter kommenden Ludwig Matthias konnte Pape in seinem Halbbruder nicht erleben.

Umgekehrt muss dieser in seinem Elternhaus recht viel von seinem mehr oder weniger „berühmten" Verwandten gehört haben. Seine Mutter hatte ja die gesamte Entwicklung ihres späteren Stiefsohnes von der Schulzeit über die Göttinger Phase bis zum Antritt der Pfarrstelle in Nordleda erlebt und konnte ihrem Ludwig Matthias auf Befragen allerhand erzählen.

Allerdings müssen wir, wie gesagt, davon ausgehen, dass sich die beiden Halbbrüder persönlich kaum oder gar nicht gekannt haben. Dies hat natürlich Konsequenzen für die Beurteilung der biographischen Angaben bei Fouqué, die dieser, wie er selbst betont, von eben dem Halbbruder Ludwig Matthias nebst brieflichem Material und dichterischen Werken bekommen hat.

Diese Angaben sind demnach aus zweiter oder dritter Hand und man kann sich gut vorstellen, wie nicht nur der eine oder andere Aspekt beschönigt, sondern auch manch belastendes Detail weggelassen wurde.

Übrigens hatten mittlerweile Samuel Christian Papes jüngere Schwestern geheiratet und das Elternhaus verlassen, die jüngste Luise Margarete Henriette 1806 einen Bremer Kaufmann und die etwas ältere Juliane Judith 1808 ebenfalls einen Kaufmann.

Nur Metta Rebekka lebte noch bei der Stiefmutter, verheiratete sich aber bald darauf (1813) mit dem verwitweten Oberdeichgrafen Friedrich Emanuel Kehrer in Harburg.

Samuel Christian seinerseits wurde erneut Vater. Im Jahre 1812 wurde ihm die Henriette Katharine geboren, nun war die Familie also wieder auf fünf Personen angewachsen.

Die Befreiung von der Franzosenherrschaft naht

In der großen Politik war dieses Jahr 1812 ein entscheidender Wendepunkt, dessen Auswirkungen bis nach Nordleda reichten. Napoleons Rußlandfeldzug war gescheitert und die Völker Europas rüsteten sich zum Widerstand gegen die Fremdherrschaft.

Preußen erklärt im März 1813 Frankreich den Krieg und bereits am 12. März räumen die französischen Truppen Hamburg. Auch in Stade und im Hadeler Land kam es zum spontanen Hissen der Fahne der Unabhängigkeit. Die französischen Dienststellen flohen.

Am 21.3. zogen Kosaken in Stade ein. Aber es dauerte nur wenige Wochen, bis die Franzosen sich vom ersten Schock erholten. Bereits Ende April eroberten ihre Truppen erneut die Elbdépartements, so dass viele Freiheitskämpfer und Sympathisanten nun ihrerseits das Land verlassen mussten.

Neben Hamburg und Stade kam es auch im nahen Lüneburg bereits im Februar des Jahres 1813 zu Plünderungen und in der Folge zum offenen Aufstand gegen die Franzosen, denen es noch einmal gelingt, ihre Ordnung wieder herzustellen.

Auch hier spielt ein Visselhöveder eine nicht ganz unbedeutende Rolle. Anton Christian Wedekind, 1763 als Sohn des Visselhöveder Amtsvogtes Heinrich Friedrich Wedekind und Bruder der früh verstorbenen großen Liebe Samuels Friederike geboren, hatte 1793 die Stelle des ersten Beamten des Klosteramtes St. Michaelis in Lüneburg angetreten.

Über die Ordnung des dort vorgefundenen Urkundenarchivs kam er zur intensiveren Beschäftigung mit der Historie, im besonderen mit der Landesgeschichte seiner engeren Heimat.

Er hatte sich in die Besatzungsverhältnisse geschickt und versuchte, das Beste daraus für sein Vaterland und seine Bürger zu machen. So brachte er 1812 in Hamburg ein „Jahrbuch für die hanseatischen Departements, insbesondere für das Departement der Elbmündungen" heraus, in dem neben einer Karte genaue Zahlen für das Arrondissement Stade vorgelegt werden.

Fast wäre sein Einsatz für Gerechtigkeit und Ordnung tragisch geendet, als er im April 1813 zu den einhundert Lüneburger Bürgern gehörte, die als Geiseln vom französischen General Montbrun verhaftet wurden.

Die Franzosen wollten damit verhindern, dass die Angriffslust der freiwilligen Lüneburger Schützen ihnen noch mehr Schaden zufügte, deshalb drohten sie mit der Exekution der Geiseln.

Nach zwei Tagen wurden diese jedoch bereits freigelassen, nachdem die heranrückenden verbündeten Russen ihrerseits damit drohten, im Falle einer Exekution der Bürger die gefangenen französischen Offiziere umzubringen.

Auf irgendwelchen Umwegen hat Samuel Christian Pape sicher vom Schicksal seines Landsmannes Wedekind gehört. Seinen Vater, der noch bis 1803 in Visselhövede als Amtmann residierte, hatte er gut gekannt und von ihm einiges über den Sohn erfahren.

Vor zweihundert Jahren hatte die Landsmannschaft einen bedeutend höheren Stellenwert als heute. Auch aus der

Ferne beobachtete man interessiert und wohlwollend den Lebenslauf der einstigen Jugendfreunde und Mitbürger. Jeder hatte von jedem schon einmal gehört und viele Gelehrte führten umfangreiche Korrespondenzen mit den Größten ihres Faches in ganz Europa.

Wie eng die gelehrte Welt auch in der Provinz zusammenrücken konnte, zeigt das Beispiel des Sottrumer Pastors Johann Samuel Büttner. Dieser war mit dem späteren Professor der Astronomie Harding aus Lilienthal befreundet und hatte des öfteren Besuch von Gauß, Bessel und Olbers, die, wie wir gesehen haben, durchaus auch Pape persönlich bekannt sein konnten.

Den Geistlichen kam ansonsten in diesem Kriegschaos eine nicht gerade beneidenswerte Rolle zu. Die französische Besatzungsmacht verlangte von ihnen, dass sie über ihre Siege und den großen Ruhm ihres Reiches Predigten hielten, deren Abschriften obendrein an den Unterpräfekten geschickt werden mussten.

Kaum waren jedoch die Feinde verjagt, sollte derselbe Pastor selbstverständlich Lobpredigten auf das Preußische Heer und seine Verbündeten halten. Eine solche Predigt hat der Nachfolger des Henrich Pape in Visselhövede, Hermann Schlichthorst, nach dem Ersten Pariser Frieden (Mai 1814) sogar in Bremen drucken lassen unter dem Titel: „Das Friedensfest am 24.Jul. 1814 in der Kirche zu Visselhövede gefeyert."

Gegen Ende des Jahres überschlagen sich die Ereignisse. Besonders Papes Frau ist in großer Sorge, denn sie ist wieder schwanger. Und Samuel Christian mag häufiger als sonst gedacht haben: „Der Herr gibt's, der Herr nimmt's."

In diesen schwierigen Zeiten kann niemand wissen, was morgen passiert. Zum Glück hat der Herr Pastor alle Hände voll zu tun, seine Gemeinde zu beruhigen, Trost auszusprechen und zwischen den Bauern und der Besatzungsmacht zu verhandeln und zu schlichten.

Frondienste

Denn nachdem die Franzosen das Hadeler Land erneut besetzt haben, versuchen sie noch einmal, alles aus den Einwohnern herauszupressen. Die reichen Bauern mussten mit ihren Gespannen Fuhrdienste leisten, die ärmeren in Hamburg Schanzarbeiten verrichten. Bei nicht ordnungsgemäßer Erfüllung mussten die wohlhabendsten Einwohner Strafe für fehlende Arbeiter bezahlen oder wurden gar unter Arrest gestellt.

Samuel Christian Pape wird so manchen Bittgang angetreten haben. Vielleicht hat er sich dabei seines Vaters erinnert, der bereits zehn Jahre früher vor ähnlichen Problemen stand, als er gemeinsam mit den Visselhöveder Honoratioren versuchte, die drückenden Kontributionen bei der gleichen französischen Besatzungsarmee zu erleichtern. So lange also dauert diese Periode der Sklaverei schon an.

Welch trauriges Bild sich auch im Hause Pape ergeben haben mag, schildert Mathilde Pessler, die Enkelin des bereits erwähnten Sottrumer Pastors Büttner für die letzte Phase der französischen Besatzungszeit:

> „Es war ein kaum zu beschreibendes Gewirr im Hause: Offiziere, die ihre Logis angewiesen und Frühstück haben wollten, Köche, die Wein, Eier, Butter, Geflügel, Mehl und vielerlei verlangten, Pferdeknechte, die Futter und Ställe für ihre Pferde forderten, und wie gesagt unsere Kühe auf den Hof jagten, wo sie scheu und wild zwischen den Soldaten und Bagagewagen

> unsern Knechten viele Mühe machten, sie wieder einzufangen; - dazwischen Haufen von wehklagenden Bauerfrauen, weinenden Kindern und Mädchen, die bei uns Schutz suchten oder die ihnen geraubten Sachen zurückverlangten und uns baten, dies beim General Montesquieu oder Prinzen Reuß zu bewirken. Bauern kamen mit Zähneknirschen und mühsam verhaltenem Ingrimm, von denen die Marodeurs Geld erpreßt, Kühe aus den Ställen genommen hatten, um sie zu schlachten, und die um Schutz für ihr Eigentum baten."

Zwar waren die Geistlichen von der Einquartierung ausgenommen, dennoch schloss sich der Sottrumer Pastor von dieser Verpflichtung nicht aus.

Wir wissen nicht, ob auch Pastor Pape in seinem Hause französische Soldaten aus dem Tross aufgenommen hat. Welche Anzahl seine Gemeindemitglieder verkraften mussten, das schildert wiederum Mathilde Pressler:

> „In den größeren Bauernhäuser waren 100 bis 120 [sic] Mann einquartiert; die kleineren Bauern hatten 80, 60 und 40 nach Verhältnis, und wir selbst hatten an diesem Tage in vier verschiedenen Zimmern den Marschall Davoust, General Vandamme, Carra St. Cyr, Montesquieu, Prinz Reuß (die letzteren beiden gingen aber nach dem Abendessen wieder nach Rotenburg) und außerdem noch 28 Offiziere, Oberten und Adjutanten, drei Köche, viele Ordonannzen, Bediente und 100 Mann Soldaten nebst 106 Pferden."

Dass jedoch selbst die Geistlichkeit nicht immer von den Franzosen geschont wurde, beweist das Beispiel des Rotenburger Pastors Witte und seiner Familie, denen die gesamte Wohnungseinrichtung gestohlen und demoliert wurde und die buchstäblich nichts als ihre Haut retten konnte.

Dies mag uns einen Eindruck davon verschaffen, wie diplomatisch und einfühlsam ein Pastor agieren musste, wollte er seine Gemeinde und die Seinen sicher durch Krieg und Besatzungszeit bringen.

Süß ist die Freiheit

Aber die Hoffnung aller deutschen Patrioten wurde nicht betrogen: im Oktober 1813 wurden Napoleons Truppen in der Völkerschlacht zu Leipzig vernichtend geschlagen.

Dennoch dauerte es noch einen weiteren quälenden Monat, bis auch das Elbe-Weser-Gebiet befreit wurde. Leider ging es dabei nicht ganz unblutig zu.

Vor den Toren Stades kommt es am Morgen des 27. November zu einem Gefecht zwischen den Franzosen und russischen Kosaken. Viele Häuser werden beschädigt, etliche brennen ab.

Am folgenden Tag ist es verhältnismäßig ruhig, die Russen warten offensichtlich ab. Und tatsächlich, in der Nacht auf den 29. November verlassen die Franzosen Stade und suchen in Hamburg Schutz. Noch in der Nacht rücken russische Truppen ein, 7000 sollen es gewesen sein.

Über die Fußtruppen, wie sollte es anders sein, werden bittere Klagen geäußert. Geplündert sollen sie haben, sich betrunken und wohl auch manch unschuldiges Mädchen entehrt. Die Offiziere hingegen, die übrigens häufig westeuropäischer Abstammung waren, Preußen, Dänen und auch Franzosen, die hätten sich tadellos benommen und sich obendrein für ihre marodierenden Mannschaften entschuldigt.

Erstaunlicherweise haben viele Einwohner in den nächsten Tagen, oder besser gesagt Nächten, nichts Besseres zu tun, als auf Bällen zu tanzen und sich zu amüsieren. Eine ruhige Nacht zu verbringen schien dem

Dr. Tiedemann aus Stade durchaus genug, um hernach die drei (!) nächsten Abende bis um 2 Uhr auf Bällen in Stade und in der Umgebung zu verbringen. So schnell also kann sich der Mensch an neue Gegebenheiten anpassen.

Auch Samuel Christian Pape wird hocherfreut gewesen sein. Sicher wurde ein feierlicher Dankgottesdienst abgehalten, dieses Mal selbstverständlich ohne jegliche Zensur.

Durfte man diesem Frieden nun endgültig trauen? Würden die Franzosen nicht wieder zurückkommen? Nein, jetzt glaubte niemand mehr daran, schließlich zogen alle Großmächte an einem Strang: England, Rußland, Österreich, Schweden und Preußen.

Wie betäubt erleben die Papes wie alle anderen Einwohner auch die ersten Wochen und Monate des Friedens. Nach außen herrschte Frieden – und das war schon viel wert. Aber in den Herzen so vieler Menschen war Trauer und Verzweiflung wegen des Verlustes geliebter Angehöriger, an Vieh und anderen Wertgegenständen, was oft genug zu großer Not führte.

Was aber heißt schon Frieden für einen Samuel Christian Pape! Er spürt nicht dieses beruhigende Gefühl, nach einer Katastrophe unter den Seinen Schutz und Geborgenheit zu finden.

Freilich ist er zufrieden, mit seiner kleinen Familie heil aus Krieg und Besatzung hervorgekommen zu sein. Dafür kann er Gott nicht genug danken. Auch ist er seinen Kindern ein treusorgender Vater und seiner Gattin ein braver Lebensgefährte und Ehemann.

Für seine Gemeinde jedoch ist er der komische Kauz, dessen Herz für die Lüneburger Heide schlägt, für diese tumben Heidebauern, die vom modernen Leben keine Ahnung haben. Soll er doch zu seinen Heidjern zurückgehen, der Herr Pastor. Soll er sich doch dort totsaufen. Ist denn eine Herzkrankheit ein Grund, sich ständig zu betrinken?

Gut, ein wenig sind sie alle dem Schnaps und dem Bier zugetan in dieser unwirtlichen Gegend, besonders wenn im November die Nebelschwaden wie Blei auf den Lungen lasten.

Aber einem Pastor darf man nichts anmerken, das ist die Hauptsache. Vor allem hätte er nicht dieses unsägliche Machwerk von Gedicht vor zwei Jahren, immerhin inmitten von Krieg und fremder Herrschaft, in einer Hamburger Zeitung veröffentlichen dürfen.

Niemand möchte es sich mit dem Gottesmann verderben, aber hinter vorgehaltener Hand raunen sie es sich zu: zum Gespött hat er uns damit gemacht.

Das Leben beginnt sich zu normalisieren. Papes Frau bringt 1814 eine weitere Tochter zur Welt, die Elisabeth Juliane Marie. Es wird ihr letztes gemeinsames Kind sein, sie wird ihrem Vater als „Marie von Hadeln" in der Dichtkunst nachfolgen.

Die letzten Jahre

Ob Samuel Christian Pape in seinen letzten Lebensjahren die Schreibfeder noch gelegentlich in die Hand genommen hat, um dichterische Eingebungen zu Papier zu bringen, ist nicht leicht zu beantworten. Wir wissen nicht, mit welcher Berechtigung Fouqué für das Jahr 1814 die beiden Gedichte „Paris" und „Nachblick" anführt. Für das erstgenannte halten wir uns eher an die Angabe Reinhards im „Gesellschafter oder Blätter für Geist und Herz" des Jahrgangs 1823, der als Entstehungsjahr 1799 vorsieht.

Zunächst einmal hatte sich Pape in jener Zeit, wohl im Rahmen seiner Hauslehrertätigkeit, verstärkt mit der griechischen Mythologie beschäftigt, wie seine 1800 im Göttinger Musenalmanach veröffentlichten Gedichte „Morpheus" und „Ulysses" zeigen. Auch das von Seehafer als „Ulysses.[2]" gekennzeichnete, von Fouqué in das Jahr 1819, wohl als postumer Erstdruck datiert, dürfte in diese Epoche fallen.

Das Versmaß gibt ebenfalls keinen Anlass, einen späteren Entstehungszeitpunkt anzunehmen. Der vierfüßige Trochäus ist in seinen Göttinger und Grasberger Jahren ein geläufiges Metrum, wie die Veröffentlichungen im Göttinger Musenalmanach zeigen. Und warum sollte gerade dieses Gedicht erhalten geblieben sein, während wir von anderen aus dieser Zeit keine Kenntnis haben.

Das zweite Gedicht „Nachblick", welches Fouqué in das Jahr 1814 datiert, möchte ich ebenfalls einige Jahre früher ansetzen. In ihm schildert Pape den Prozess des Abschiednehmens von einer totkranken, geliebten weiblichen Person, von der er sich am Sterbebette schweren Herzens trennt.

Sicher handelt es sich hier nicht um die Jugendliebe Friederike W. Wir hatten schon früher auf diesen Umstand hingewiesen. Für sie hatte er ja den Namen „Sidonie" verwendet in jenen Zeiten, als der Verlust noch frisch war. Außerdem hielt er sich gerade in Göttingen auf, als sie verstarb.

Viel wahrscheinlicher ist, dass das Gedicht „Nachblick" nach dem Tod von Papes erster Ehefrau im Jahre 1808 entstand. Es ist allerdings wohl denkbar, das er einige Jahre später noch einmal letzte Hand anlegte und so Fouqué zu seiner Datierung kam, die er zweifellos Papes Halbbruder verdankte.

Somit können wir also nicht mit Gewissheit sagen, welches die letzten dichterischen Erzeugnisse des Samuel Christian Pape sind. Wenn wir von seinen Veröffentlichungen zu Lebzeiten ausgehen, gelangen wir zu dem Schluss, dass ihn nach 1800 nicht mehr viel daran gelegen sein konnte, als Dichter an die Öffentlichkeit zu treten.

Keinesfalls hat er dem Dichten die Bedeutung zukommen lassen, die es in den sechs, sieben Jahre davor hatte. Was er unmittelbar vor seinem Tode an Manuskripten verbrannt haben soll, bleibt demnach völlig unklar. Niemand ist dabei gewesen, die Nachwelt hat es von seiner zweiten Ehefrau erfahren, sodass sowohl Ludwig Matthias Henrich Pape als auch Fouqué nur mutmaßen können.

Es ist kaum vorstellbar, dass Samuel Christian Pape insgeheim regelmäßig Gedichte oder kürzere Prosatexte nur für sich schrieb, die er niemandem zeigte. Eher wird es sich um Briefe und Abschriften sowie den einen oder anderen Gedichtentwurf gehandelt haben, was am Abend des 4.April 1817 ein Raub der Flammen wurde.

Die letzten gemeinsamen Jahre der Familie Pape werden nicht eben leicht gewesen sein. Zwar herrschte endlich Frieden, der auf dem Wiener Kongress sein endgültiges Gesicht erhalten sollte, aber Papes Gesundheit ließ rapide nach. Zu allem Überfluss hatte der Alkoholkonsum bedrohliche Ausmaße angenommen: er galt als Trinker. Dieses Stigma lastete natürlich auf der ganzen Familie, besonders die Ehefrau wird bitter gelitten haben, denn verheimlichen lässt sich in einem kleinen Ort wie Nordleda fast gar nichts.

Vielleicht fiel in jener Zeit der Name Pape beiläufig in der Unterhaltung oder in der Korrespondenz zweier Männer, die sein Schicksal, soweit es ihnen möglich war, sicher aufmerksam verfolgten.

Der bereits erwähnte in Visselhövede geborene Anton Christian Wedekind führte seit 1816 mit keinem geringeren als Papes früherem Mentor und akademischen Lehrer Johann Gottfried Eichhorn Verhandlungen über eine Stiftung von 8000 Talern, die der Lüneburger Amtmann der Universität Göttingen zur Förderung der Geschichtsschreibung vermachen wollte. Nach seinem Tod trat die Stiftung dann in Kraft.

Wie mag es Pape in seinen letzten zwei Lebensjahren ergangen sein? Er dürfte wohl viel gegrübelt und an seiner Eignung zum Pastor gezweifelt haben. Er, der sein Leben lang keinen festen Standplatz gefunden hatte, sollte als Hirte aller Versprengten und Verzweifelten seinem Gott dienen?

Und konnte denn ein Säufer und Melancholiker ein treusorgender Vater und guter Ehemann sein?

Elf Jahre alt war sein ältester Sohn, ein Jahr die jüngste Tochter. Dazwischen liegen noch ein Sohn und eine weitere Tochter. War sein Leben nicht total verpfuscht? Nichts hatte er zu einem guten Ende gebracht. Mit allen hatte er sich überworfen oder sich aus eigenem Antrieb zurückgezogen.

Dabei hätte er nur die Hand auszustrecken brauchen, ob in Göttingen, Bremen, Stade oder gar in Hamburg. Er hatte als Dichter genauso versagt wie als Seelsorger.

Nicht einmal seine Eltern, Gott hab' sie selig, haben ihn wirklich geliebt. Es gab auf der ganzen Welt nur eine Person, von der er sich verstanden fühlte und die er anbetete, seine Stiefmutter Marie, eben jene Sidonie aus den Briefen.

Seine beiden Ehefrauen waren viel zu jung, als dass er sich ihnen wirklich hätte anvertrauen können bei seiner schwierigen Persönlichkeit. Die erste war neun, die zweite dreizehn Jahre jünger als er.

Marie Sophie Pape, geborene Bartels dagegen war selbst nur zehn Jahre älter als ihr Stiefsohn Samuel Christian.

Wenn nicht alles täuscht, waren in den mittleren 90er Jahren des 18. Jahrhunderts Vater und Sohn Pape in diese Frau verliebt. Für Samuel Christian war die junge Haushälterin eine willkommene pubertäre Schwärmerei, auf sie konnte er insgeheim bzw. unbewusst seine Wünsche projizieren.

Für Henrich Pape ging es um mehr: er ließ seine Ehe mit der Luise Lappenberg scheiden und heiratete die Marie

Bartels. Die Entscheidung des alten Pape, die Ehe scheiden zu lassen sowie seine (vorausgehende/parallele??) Annäherung an Marie fielen in eine Zeit, in der Samuel Christian sich ununterbrochen in Visselhövede aufhielt. Es ist die einzige längere Periode, in der er im Heideort lebt, nämlich von 1791 bis 1794.

Die Hochzeit des Vaters mit der ehemaligen Haushälterin muss für ihn ein Trauma dargestellt haben, denn unbewusst begehrte er diese Frau ebenfalls sehr stark. Auch auf diesem Gebiet war ihm sein Vater also voraus und hatte sich die 19 Jahre Jüngere zur Frau genommen.

Als Samuel Christian schließlich bettlägerig wird, wissen alle, dass es bald vorbei sein wird mit dem Pastor. Jetzt ist auch noch die Angst vor dem Sterben da. Er steht im 43. Lebensjahr. Immerhin hat er seinen ehemaligen Amtsbruder Sartorius aus Grasberg bereits an Lebensjahren überholt. Der war nämlich mit gut 41 ein halb Jahren gestorben, auch er in jämmerlichen Umständen.

In den letzten Lebenstagen verschwimmt ihm alles im Kopfe zu einer langen Reihe von Ereignissen.

Hätte er nicht doch auch in Nordleda seinen Frieden finden können?

Warum bloß hing sein Herz an diesem verdammten Heideörtchen?

Was gab es denn in Visselhövede, was andernorts nicht existierte?

Noch einmal schritt er im Geiste die Stationen seines Lebens ab: Wulsbüttel, wo er seine Kindheit verbrachte... die Besuche bei den Großeltern in Lesum... die Zeit in

Visselhövede mit dem wunderschönen Kirchhof und dem Visselteich... die Schulzeit in Bremen... dann noch einmal Visselhövede, jetzt aber als heranwachsender Jüngling, die Jugendliebe Friederike, aber noch stärker und tiefer wohl die Zuneigung zu Marie-Sidonie... die Studentenzeit in Göttingen... die Einöde Grasberg... und schließlich – Nordleda.

Ein erfülltes Leben ? Samuel Christian wagt nicht, darüber nachzudenken. Er will nicht vermessen sein. Freilich hat ihm das ganz große Glück gefehlt – oder die Tatkraft?

Am Abend des 4.April 1817 hat Samuel Christian Pape vor dem Kamin sitzend seine Manuskripte verbrannt. Nicht einmal seiner Frau sollten sie in die Hände fallen.

Vermutlich waren unter den verbrannten Blättern auch Briefentwürfe an sowie erhaltene Briefe von Marie Pape aus Visselhövede. Und die sollte wahrhaftig niemand lesen.

In einem Nekrolog von 1818 ist die Rede davon, dass er „das Meiste" vernichtet habe und dass nur „wenige Bogen" seiner Gedichte erhalten geblieben seien. Demnach hätte Samuel Christian Pape viele Jahrzehnte mit seinen Werken gelebt, ohne sie jemandem zu zeigen, außer vielleicht Karl Reinhard, seinem Mentor. Hat er womöglich bis zum Schluss geschrieben? Das wohl eher nicht ! Aber es wird doch eine große Last für ihn gewesen sein, die Manuskripte von Zeit zu Zeit gesichtet zu haben.

Seine Frau wiederum mag sich vor allem wegen seiner Trunksucht innerlich bereits von ihm gelöst haben. Nach seinem Tod wird sie den Küster und Organisten Heinrich Beckmann heiraten, der sich später in den

„Biographischen Nachrichten" über die Pastoren in Nordleda nicht eben vorteilhaft über Pape äußern wird.

Am Morgen des 5. April gegen halb sechs ist Samuel Christian Pape an einem Schlaganfall verstorben.

* * *

Nachspiel 1

Zwar erfolgt 1818 in der „Jenaischen Allgemeinen Literaturzeitung" ein Nachruf auf Pape, wie so oft nach dem Ableben des Autors versöhnlich, fast schon auffällig enthusiastisch, aber um eine Neuherausgabe seiner Gedichte will sich so recht niemand kümmern. Dass es schließlich sein jüngster Halbbruder Ludwig Matthias ist, der den Stein ins Rollen bringt, dürfte kein Zufall sein.

Da ist zunächst einmal Papes geliebte Stiefmutter, die ihren Kindern sicher viel von dem ruhmvollen Dichterpastor in Nordleda erzählt und sein Andenken nach seinem Tod gebührend gepflegt hat.

Besonders der einzige Knabe in der Familie, Ludwig Matthias, seit seinem vierten Lebensjahr ohne Vater aufwachsend, wird sich flammend und mit Begeisterung mit seinem großen Bruder identifiziert haben.

Kennengelernt haben sich die beiden, wie wir gesehen haben, wohl kaum. Zumindest sind sie sich dabei nicht als gleichwertige Gesprächspartner begegnet, denn Ludwig Matthias war zum Zeitpunkt von Samuel Christians Tod eben gerade 15 Jahre alt. Außerdem lebte er seit seinem 13. Lebensjahr nicht mehr im Elternhaus, sondern in Groß-Berkel. Damit war er noch weiter entfernt von Samuel Christian.

So stammten letztlich alle biografischen Angaben von Marie Pape, die sie ihrem jüngsten Sohn übermittelt hat.

Ludwig Matthias beginnt seinerseits, wie kann es anders sein, zu dichten und schreibt sich 1821 an der Universität Tübingen ein, um Theologie zu studieren, ein Lebensplan, der uns sehr bekannt vorkommt.

Für Arno Schmidt ist später klar, dass er ein Dichter ist. Dieses Urteil gründet aber wohl eher auf der Tatsache, dass er ein Bruder des von Schmidt verehrten Samuel Christian ist, als dass seine Gedichte dieses Etikett verdienten.

Dieser junge Theologiestudent nimmt nun Verbindung mit dem damals recht geschätzten Baron de la Motte Fouqué auf, dem er Papes Gedichte nebst Anmerkungen und einer biografischen Skizze schickt.

Noch im gleichen Jahre kommt es dann zu einer Neuauflage der

„Gedichte
von
Samuel Christian Pape.
Begleitet
mit einem biographischen Vorworte
von
Friedrich Baron de la Motte Fouqué.
Tübingen,
bey C.F. Osiander.
1821."

Schon der Begriff „biographisches Vorwort" ist zu weit gegriffen für das, was Fouqué da liefert. Selber nicht in der vordersten Linie stehend, dafür aber umtriebig, wie es eben nur diese Sorte Schriftsteller sein kann, bemüht er sich nach Kräften, das magere biografische Gerüst, welches ihm Ludwig Matthias Pape selbst nur aus zweiter Hand skizzieren kann, zu einer pompösen Rechtfertigung und Glorifizierung des Samuel Christian auszuweiten.

Besonders gegen übelwollende Rezensenten richtet sich sein Groll – aus gutem Grund, hat er doch Ähnliches am eigenen Leibe erfahren!

Für ihn hüllt Pape „das Staubwerfen des Gegners vor dem Publikum in eine entstellende Wolke", er wird von ihnen „behandelt, wie etwa ein umherziehender Volkssänger von einem Schulpräceptor, in dessen Klasse er sich unvorsichtigerweise betreffen ließe."

Aus heutiger Sicht hat Fouqué mit diesem Vorwort Pape eher geschadet, bedenkt man jedoch die Zeitumstände, kommt man leicht auf den Gedanken, dass sich hier geistige „Seilschaften" gegenseitig stützen und fördern. Heute würde man so etwas „Kulturbetrieb" nennen.

Man lausche andächtig, was Meister Fouqué über das Lebenswerk seines verstorbenen Kollegen Pape zu sagen hat:

> „Hier zucken kraftvolle Blitze durch das Thaugewölbe, und ein Zaubermeister hat es in edle Bahnen gebannt, die durch keinen Klingenschwung und durch keinen Sturmeshauch zu zerstören sind."

Dass im übrigen bei den spärlichen wirklichen Daten die Stiefmutter Marie die Zuträgerin ist, beweist die Formulierung – wenn es sich nicht um einen Gemeinplatz handelt, dass Pape bis zu seiner Brustkrankheit in den letzten Jahren der „blühend schöne Mann" gewesen sei.

Dieses Urteil kann schwerlich von Matthias stammen und Fouqué hat ja Samuel Christian niemals gesehen.

Auch dies ist noch einmal ein Indiz für die große gegenseitige Zuneigung, die Samuel Christian und Marie einander entgegenbrachten.

* * *

Nachspiel 2

Ein zweites Mal drohte Papes Nachlass dem Vergessen anheimzufallen. Zwar meldeten sich vereinzelt Stimmen von Heimatforschern oder –freunden, die auf ihn hinwiesen („Ein Dichter aus der Heide"), aber weder gab es eine Neuauflage seiner Gedichte noch interessierte man sich nachhaltiger für ihn und sein Werk.

Erstaunlicherweise war es dann ein Ortsfremder, der das Kapitel „Pape" erneut aufschlug, nämlich Arno Schmidt. Ihn, der ja in Hamburg geboren war, hatten die Kriegswirren aus Schlesien nach Cordingen verschlagen, gerade einmal 10 Kilometer in der Luftlinie von Visselhövede entfernt.

Der außerordentlich agile, mit diversen Buchprojekten beschäftigte junge Mann fühlt von Beginn an eine Wahlverwandtschaft zu Fouqué und Pape. Beide sind mit seinem Frühwerk untrennbar verbunden.

Nicht nur, dass sie in unzähligen (Pardon, Schmidtanhänger zählen alles!) Andeutungen mal geheimnisvoll dunkel, dann wieder offen genannt auftauchen.

Schmidt hat beiden je eine größere Arbeit gewidmet. Über Fouqué veröffentlichte er nach langen Recherchen 1958 den eigenwilligen biografischen Versuch „Fouqué und einige seiner Zeitgenossen", in dem selbstverständlich auch Pape gebührend erwähnt wird.

Pape selbst wird in einem längeren Funkessay vorgestellt, der im Süddeutschen Rundfunk 1958 ausgestrahlt und später gedruckt vorgelegt wurde.

Im Rahmen dieses neuen Interesses an Pape gab Klaus Seehafer 1975 als Sonderlieferung des Bargfelder Boten eine Auswahl der Gedichte, die Erzählung „Vaterschmerz" sowie eine Probe der Hiobübersetzung heraus.

Mit Recht kann man sich fragen, woher das außerordentliche Interesse stammt, welches Arno Schmidt dem Dichterpastor Pape entgegenbringt. Dass es nicht allein rationale Gründe sind, zeigt die verkrampfte Verbissenheit, mit der er „seine" Schützlinge Fouqué und Pape verteidigt.

Ihm geht es in allererster Linie um das Schicksal des Menschen, nicht um das dichterische Werk, welches er denn auch maßlos überschätzt. Er vergleicht die Situation des ruhelosen Pape, der sich als Dichter nicht etablieren kann (und wohl auch gar nicht will!), als Gelehrter offenbar keinen Ehrgeiz besitzt, mit seiner eigenen.

Mit der Zähigkeit des weitgehend unbekannten Künstlers, der von seinen Fähigkeiten überzeugt ist, will er „seinen" Pape, der einst einen Steinwurf entfernt gelebt und gewirkt hat, auf seine Weise nachempfinden, ihm somit neues Leben einhauchen und ihn letzthin rächen für die Schmach, die man ihm vor 150 Jahren angetan hat und die Schmidt selbst in der Nachkriegszeit in Cordingen, Walsrode und wer weiß, wo noch überall in der Region erlitt.

Er versteigt sich in seinem Identifikationsbedürfnis – oder sollten wir besser Wahn sagen?! – sogar auf die Idee, in die Küsterwohnung von Sankt Jürgen einzuziehen, 10 Kilometer von Grasberg entfernt, um, wie es F. Rathjen so treffend ausdrückt, „hier das Schicksal Papes auf schon gespenstische Weise nachspielen zu können." (BB 170/171,11)

Dennoch ist es das bleibende Verdienst des kauzigen Einzelgängers Schmidt, wieder einmal einen schon fast vergessenen lokalen Dichter der Nachwelt erneut zu präsentieren.

* * *

Abschließende Note

Irgendetwas muss dran sein an diesem Samuel Christian Pape. Es sind schließlich nicht eben die unbedeutendsten Männer, die sich für ihn zu Lebzeiten einsetzten und ihm nach seinem Tode ein Denkmal setzten.

In der Literaturgeschichte wird er mit fast keiner Zeile gewürdigt, dazu ist sein Werk zu schmal und zu unbedeutend. Auch hat er sonst keine großen Taten vollbracht, die die Nachwelt erfahren müsste.

Es ist wohl die Chronik des tragischen Scheiterns eines hochbegabten Menschen, die uns immer wieder fesselt und Respekt abnötigt. Genau dieses Moment fasziniert ja auch die Brüder im Geiste Fouqué und Schmidt an ihrem Vorgänger und Leidensgenossen, dessen Nöte sie nur allzu gut kennen.

Wenn wir uns zum Schluss die Frage stellen, ob Pape als Visselhöveder Dichter bezeichnet werden könne, so mag die Antwort ein wenig differenziert ausfallen.

Für den Eingeweihten schaut in etlichen Gedichten die Visselhöveder Heidelandschaft zwischen den Zeilen hindurch. Auch wird die Sehnsucht nach Ruhe, Frieden und Heimat in diesem Ort sein Ziel finden.

Aber es gibt auch den weltoffenen Pape, den Göttinger, der ganz nach der Mode dichtet und der dann geistig weit ab von Visselhövede scheint.

Ganz gewiss aber gehen wir nicht fehl, wenn wir ihn als einen Dichter zwischen Harz und Nordsee sehen, der immer seinen Heideflecken, seinen Kirchhof mit dem Visselteich, sein Visselhövede im Herzen mit sich trug.

Stimmen zu Samuel Christian Pape

Prof. Johann Gottfried Eichhorn (1797):

„Der Talentvolle und Kenntnißreiche Verfasser dieser Uebersetzung [Hiob], der mit den Schwierigkeiten seines Unternehmens glücklich gerungen, und schätzbare Einsichten in die beyden Sprachen, die er mit Einander umzutauschen hatte, gezeigt hat, wird nun [...] die beste Veranlassung geben, da sein Versuch, ein hebräisches Dichterwerk in gereimten Versen darzustellen, in neuern Zeiten der erste ist, der ins Große geht."

Friedrich Schlegel (1797):

„Indessen ist Rec. nicht oft etwas so Starkes vorgekommen, als Nachäfferey des altenglischen Balladentones, reichlich mit Reminiszenzen aus Bürger untermischt, in einer Menge Romanzen von einem gewissen P a p e. Sie sind meistens mit refrains, sans Rime et sans raison, verbrämt; [...] Die Personen sterben darin häufig aus heiler Haut; und zum Überfluß ist über diese angeblich altfränkischen Gedichte eine Brühe der neumodigsten Empfindung ausgegossen."

Ludwig Tieck (1798):

„Pape zeigt in seinen Gedichten poetische Anlagen, aber sie sind auch Beweise eines verworrenen Gemüthes; diese Schwermut mag natürlich oder Maske seyn, so verträgt sie sich nicht mit dem schönen Gesange. Nur ein ruhiges Gemüth kann dichten, ein beengtes verworrenes muß uns nicht seine Empfindungen aufdrängen wollen."

Jenaische Litteratur Zeitung (1818):

„Classische Bildung und ein geläuterter Geschmack zeichneten ihn unter den Dichtern unseres Zeitalters rühmlich aus."

Friedrich Baron de la Motte Fouqué (1821):

„Der Grundton derselben [der Gedichte] ist recht eigentlich elegisch, und wo Pape's mehr gesunde geistige Natur die kranke zu überwinden vermag, da ist er ganz Dichter, ob auch noch die Accorde seines irdischen Leides verhallend nachzittern. Die milde wohlklingende Sprache verleiht den Gedichten einen vorzüglichen Reiz und gewinnt das Herz für die trübe Stimmung des Sängers. Besonders treten die drastisch-skizzierten Romanzen und Balladen des Dichters, ob auch einseitig in Hinsicht auf ihre Gegenstände, durch volksthümlich-einfache Darstellungskunst charakteristisch hervor. Einige darunter sind sogar Kleinodien echter Romanzenpoesie."

Journal für Kunst, Luxus und Mode (1824):

> „Die meisten dieser Gedichte zeichnen sich aus durch Gefühl, Andacht und natürliche Hingebung, vor allem durch ungezwungenen klassischen Ausdruck."

Arno Schmidt (1954):

> „'Pape': ‚Hainbund' ist ja auch noch ein Begriff; Pape aber völlig verschollen. Ich habe viel Arbeit, kirchenbücherische, daran gewendet (kenne auch die letzten lebenden Nachkommen des Dichters)."

Klaus Seehafer (1974):

> „Papes Werk ist klein und überschaubar. Es erweist sich als äußerst empfänglich für literarische Zeitströmungen und bietet einen guten Einstieg in die von Arno Schmidt immer wieder „fackelbeleuchtete" Welt."

Lebenslauf Samuel Christian Pape

22.11. 1774	geboren in Lesum im Haus des Großvaters Samuel Lappenberg, danach mit seinen Eltern in Wulsbüttel, wo der Vater Pastor ist
1783	die Familie Pape zieht nach Visselhövede, wo der Vater die Pfarrstelle übernimmt
1785	Besuch der Bremer Domschule zusammen mit seinem Bruder Johann
1791	Vorbereitung auf das Theologiestudium bei seinem Vater in Visselhövede
1794	Beginn des Theologiestudiums in Göttingen Scheidung der Eltern und Heirat des Vaters mit Marie Sophie Bartels
1797	für kurze Zeit zurück in Visselhövede Antritt der Vikariats- und Hauslehrerstelle bei Pastor Sartorius in Grasberg
1800	Tod des Pastors Sartorius
	Predigerexamen vor dem Konsistorium in Stade
	Hauslehrer in Stade
12.04. 1801	Amtsantritt als zweiter Prediger in Nordleda
	Heirat mit Johanna Lerche
17.04. 1805	Tod des Vaters Henrich Pape in Visselhövede
18.07. 1808	Tod der Ehefrau

09.10.1809　Heirat mit Johanna Marie Elisabeth Schneider

05.04.1817　gestorben in Nordleda

Literatur

Allgemeine Deutsche Biographie, Band 25, Leipzig 1887

H.Allmers: Marschenbuch. Land und Volksbilder aus den Marschen der Weser und Elbe, Oldenburg 1875

H.Alpers jun.: Hadler Schulalltag um 1800. Ein Schulrevisionsbericht aus dem Jahre 1807, in: Hadler Mosaik, 169-172, Otterndorf 1983

K.-L. Barkhausen: Samuel Christian Pape, in: Soltauer Schriften Binneboom, Bd. 8, 109-116, 2002

Baudenkmäler in Niedersachsen, Band 19 Landkreis Cuxhaven, bearbeitet von D. Böker, Hameln 1997

Die Kunstdenkmale der Kreise Verden, Rotenburg und Zeven, bearbeitet von H.Siebern, Osnabrück 1980 [Nachdruck der Ausgabe Hannover 1908]

J.Bessel: Zur Geschichte der Franzosenzeit im Lande Hadeln, Jahrbuch der Männer vom Morgenstern 50, 147-177, 1969

L.Bierwirth: Siedlung und Wirtschaft im Lande Hadeln, Bad Godesberg 1967

D.Brosius: Anton Christian Wedekind (1763-1845). Eine biographische Skizze, Rotenburger Schriften 59, 44-84, 1983

Der bunte Wegweiser, Freiburg/Elbe, 1988

Burg-Lesumer Heimatbuch, herausgegeben vom Heimat- und Verschönerungsverein Burg-Lesum, o.J. Chronik der

Gemeinde Nordleda, Sonderdruck der Volksbank Cuxhaven-Hadeln eG, Nordleda 1995

Deutsche Biographische Enzyklopädie (Hrsg. W.Killy u. R.Vierhaus), Bd.7, S.559 (Artikel:„Samuel Christian Pape"), München 1998

K.v.Düring: Chronik einer Landschaft, Landkreis Osterholz 1980

Festschrift Historisches Stadtfest Visselhövede 1288-1988, Visselhövede 1988

L.Fitschen: Das Arrondissement Stade 1810-1813 und seine Befreiung 1813-1815, Stader Jahrbuch 60, 77-94, 1970

W.Fitschen: Visselhövede und die Dichtkunst, Rotenburger Schriften 4, 42-49, 1956

W.Fitschen: Brandkatastrophen in Visselhövede, Rotenburger Schriften 5, 37-47, 1956

W.Fitschen: Ein Plan des Fleckens Visselhövede von 1704, Rotenburger Schriften 7, 27-29, 1957

W.Fitschen: Die Geschichte Visselhövedes bis zur Fleckenwerdung im Jahre 1450, Rotenburger Schriften 22, 26-46, 1965

F.Freudenthal: Samuel Christian Pape. Ein vergessener niedersächsischer Dichter., Niedersachsen – Illustrierte Halbmonatsschrift, 6.Jahrg. 1900/1901, 246-247

Das gelehrte Teutschland oder Lexikon der jetzt lebenden teutschen Schriftsteller, Lemgo 1796 ff.

G.Gerdts: Hadler Bauernleben und Hadler Bauernwirtschaft in verflossenen Jahrhunderten, Jahrbuch der Männer vom Morgenstern 29, 7-29, 1939

C.Haase: Leihbüchereien und Lesegesellschaften im Elbe-Weser-Winkel zu Ausgang des 18. Jahrhunderts, Stader Jahrbuch 67, 9-30, 1977

C.Haase: Die Buchbestände einiger Lesegesellschaften im Elbe-Weser-Winkel im Jahre 1794, Stader Jahrbuch 72, 56-80, 1982 Hadler Mosaik, Otterndorf 1983

K.Heinzel (Hg.): Visselhövede – Chronik einer Stadt, Horb am Neckar 1999

J.Huerkamp: „Eine Verbindung Pape=Schmidt", Bargfelder Bote Lfg. 119/120, 3-17, 1987

Inhalts=Angabe der dem historischen Vereine für Niedersachsen überlieferten Beschreibungen vaterländischer Kirchen nebst Zubehör, in: Zeitschrift des historischen Vereins für Niedersachsen Jahrg. 1861, 351-366

Die Kunstdenkmale des Kreises Land Hadeln und der Stadt Cuxhaven, Textband, Osnabrück 1980

Lagerbuch der Herzogthümer Bremen und Verden zur Special=Carte ausgefertigt durch O.J.H.v.Bonn 1762, herausgegeben von K.F.H.Krause, in: Archiv des Vereins für Geschichte und Alterthümer der Herzogthümer Bremen und Verden und des Landes Hadeln, Bd.7, 1880 Stade

R.Lembcke: Johann Heinrich Voß in Otterndorf – eine Notiz, in: Otterndorf: Kleine Stadt am großen Strom, 208-213, Hamburg 1978

W.Lenz: Zur Lage der evangelisch-lutherischen Geistlichen im Lande Hadeln bis 1885, Jahrbuch der Männer vom Morgenstern 49, 117-132, 1968

W.Lenz: Hamburg, Otterndorf und das Land Hadeln, in: Otterndorf: Kleine Stadt am großen Strom, 128-146, Hamburg 1978

Lexikon aller Gelehrten, die seit der Reformation in Bremen gelebt haben, nebst Nachrichten von gebohrnen Bremern, die in andern Ländern Ehrenstellen bekleideten. Von Heinrich Wilhelm Rotermund, Dompastor in Bremen. Erster Teil. Bremen 1818

Lilienthal gestern und heute. Bd.1, Lilienthal 1977

K.Lohmeyer: Land Hadeln und die Universität Göttingen im achtzehnten Jahrhundert, Jahrbuch der Männer vom Morgenstern 29, 46-67, 1939

K.Lohmeyer: Friedrich Baron de la Motte-Fouqué und die beiden niederelbischen Dichter Samuel und Ludwig Pape, Stader Archiv N.F. 32, 83-91, 1942

Chr.Meiners: Bemerkungen auf einer Reise von Göttingen nach Cuxhaven, Kleine Länder- und Reisebeschreibungen 1.Bändchen, 183-209, Berlin 1791 (in Auszügen und mit einem Nachwort von R.Lembcke in: Hadler Mosaik, 13-37, Otterndorf 1983)

R. Minder: Acht Essays zur Literatur, Frankfurt/M., 1969 [darin: Lüneburger Heide, Worpswede und andere Heide- und Moorlandschaften]

Otterndorf – kleine Stadt am großen Strom, Hamburg 1978

Ovid: Metamorphosen, herausgegeben und übersetzt von Gerhard Fink; Düsseldorf/Zürich 1999

S.Chr.Pape: Hiob übersetzt. Ein Versuch von Samuel Christian Pape. Begleitet mit einer Vorrede vom Herrn Hofrath Eichhorn. Göttingen 1797

S.Chr.Pape: Gedichte. Von Samuel Christian Pape. Begleitet mit einem biographischen Vorworte von Friedrich Baron de la Motte Fouqué. Tübingen 1821

S.Chr.Pape: (nachgelassene Gedichte) Mitgeteilt von Karl von Reinhard, in: Der Gesellschafter oder Blätter für Geist und Herz, 1823, 202-207

D.Plep: Pape und einer seiner Bewunderer, Bargfelder Bote Lfg. 166/167, 18-24, 1992

M.Pessler: Das Pfarrhaus in Sottrum im Jahre 1813, Hermannsburg 1984 (Faksimile der 2.Aufl. 1903)

F.Rathjen: Utys in der Post. Arno Schmidts Lebens- und Lesetext in einer Passage von „Schwarze Spiegel", Bargfelder Bote Lfg. 170/171, 3-16, 1992

H.-M.Schäfer (Hrsg.): St. Martini in Lesum, Bremen 1979

F.Schlegel: Göttinger Blütenlesen für das Jahr 1796-97. In: Jenaische allgemeine Literaturzeitung. 1797, Januar Nr. 13

H.Schlichthorst: Historisch=diplomatisch=statistische Nachrichten von dem Flecken und Kirchspiel, wie auch der Amtsvogtei Visselhövede, Amts Rotenburg im Herzogthume Verden, in: Vaterländisches Archiv 1.Heft, 152-157, 1819

Hermann Schlichthorst, Pastor zu Visselhövede, im Herzogthume Bremen, in: Vaterländisches Archiv 3.Bd., 336-342, 1820 (anonymer Nachruf)

A.Schmidt: Fouqué und einige seiner Zeitgenossen, Darmstadt 1958

A.Schmidt: Samuel Christian Pape. Vergessene Dichtung aus Moor und Heide, in: ders.: Die Ritter vom Geist. Von vergessenen Kollegen, Karlsruhe 1965

G.Schmolze: Samuel Christian Lappenberg 1720-1788. Umrisse seines Lebens und Denkens, in: St. Martini in Lesum1779-1979, 84-121, Bremen 1979

H.Schriefer: Hagen und Stotel. Geschichte der beiden Häuser und Ämter, Fischerhude 1988

V.Schwietering: Dem Schöpfer geweiht. Geschichte und Geschichten der Kirche Grasberg 1789-1989, Grasberg 1989

K.Seehafer (Hrsg.): Samuel Christian Pape. Werke. Sonderlieferung des Bargfelder Boten, München 1975

J.Smidt: Sollte man das Predigtamt abschaffen?, in: B.Schulze-Smidt: Johann Smidt. Lebensbild eines Hanseaten, 33-79, Bremen 1913

Stade. Von den Siedlungsanfängen bis zur Gegenwart, Stade 1994

Stein: Der Einzug des Königs Jerome in Stade am 11. August 1810, Stader Archiv N.F. 5, 70-74, 1915

R.Steinmetz: Aus der Geschichte des Landes Hadeln, Stader Archiv N.F. 28, 99-130, 1938

L.Tieck: Die diesjährigen Musenalmanache und Taschenkalender. In: Berlinisches Archiv der Zeit und ihres Geschmacks, Berlin 1798, Bd.1/April.

F.Tiedemann: Die Befreiung Stades von der Franzosenherrschaft im Jahre 1813, Stader Archiv N.F. 3, 150-154, 1913

K. Gräfin von Schwerin: Samuel Christian Pape, in: Otterndorf – 600 Jahre Stadtgeschichte an der Nordsee, Otterndorf 2000

A.Chr.Wedekind (Hrsg.): Jahrbuch für die Hanseatischen Departements, insbesondere für das Departement der Elbmündungen, Hamburg 1812

A.Chr.Wedekind: Verhaft und Befreiung der hundert Einwohner Lüneburg's, im Monat April 1813, in: Neues Vaterländisches Archiv, Jahrg. 1829, Erster Band, 232-270, Lüneburg 1829

Brage bei der Wrieden: Wer war die Lautensängerin?, in: Niedersachsen, Heft 1, 27, 1996

Chr.M.Wieland: Die Musen-Almanache für das Jahr 1797, Neuer Teutscher Merkur Erster Band, Weimar Januar 1797, 64-100; zitiert nach: O.Fambach: Schiller und sein Kreis in der Kritik ihrer Zeit, Berlin(Ost), 1957, 353-388

Anhang

Von Reinhard im „Gesellschafter oder Blätter für Geist und Herz" 1823 mitgeteilte Beiträge Papes, die weder im Band „Gedichte" von de la Motte Fouqué noch in der Sonderlieferung des Bargfelder Boten/Sonderlieferung März 1975 von Seehafer angeführt werden

Lied (1797)

„Dein Leiden ist vorüber!
Du Armer, wenn schon trüber
Dir Mond und Sonne scheint,
Dann hast du ausgeweint
Für deine Liebe !

Die Thränen, die versiegen;
Ich werd' im Grabe liegen
Durch meines Herzen Schuld.
Ich trag' es mit Geduld
Für meine Liebe !

Bin ich in's Grab getragen,
Magst du den Jüngling klagen,
Der, treu bis an sein Grab,
Sein junges Leben gab
Für seine Liebe !"

Die Forscher (1796)

„Forschen doch oft im Dunkeln Koram andächtige Katzen! Jünger im Kant, und verstehen eben so wenig davon!"

Schweizer=Gedichte (1797)

„Wollt Ihr Zimmer vermalen? So nehmt nur Pinsel und Farben, und dies Buch in die Hand, hier sind Recepte dazu!"

An *** (1797)

„Meinst du denn, man könnte dich nicht zum Esel verdammen? Ja doch ! Es läßt nur nicht gut, Esel auf Esel gesetzt!"

An den Dilettanten (1797)

„Deinen Pegasus nennst du dein Steckenpferd? Nenn' ihn doch lieber Stecken Esel, ein Thier, das du mit Stecken forcierst!"

An den Pinsel (1797)

„Längst schon haben uns Dichter genug gemalt und gepinselt; aber ein Pinsel, wie du, führte den Pinsel noch nie."

Fabel (1797)

„Es gingen vier Mädchen frank und frei
Hinaus im schönen, blumigen Mai.
Zum Quell im Wald, zum Veilchengrund,
Da sangen sie Alle mit Herz und Mund.
Die Eine sang so, die Andre so;
Die Eine traurig, die Andre froh;
Die Eine laut, die Andre leise;
Sie sangen jede nach ihrer Weise.
Das ferne Echo widerhallt,
Es widerhallt der grüne Wald.
Und jeder Waller des Weges entlang
Vernahm den süßen Frauen=Gesang.

Da gingen vorbei dem grünen Wald
Vier Damen, geschminkt und ungestalt.
Die Eine lahm, die Andre krumm,
Die Eine blind, die Andre stumm.
Die Erste begann:"Die sind nicht klug,
Die singen nach keinem Rosenbuch!"
Die Zweite sprach:"Die singen nur,
Wie wilde Vöglein auf der Flur !"
Die Dritte:"Die seltsame Melodie
Hört' ich von meiner Großmutter nie!"

Die Vierte:"Ich halte die Lieder werth,
Die meine Amme mich gelehrt!"
Dann riefen sie All' einmütiglich:
„Sie singen nicht so, wie ich, ich, ich!"
Und als das hohe Gericht vorbei,
Erhuben die Damen ein groß Geschrei,
Begannen zu schimpfen, zu gelfen, zu droh'n,
Und wandten den Rücken, und gingen davon.

Ich bitt' Euch, liebe junge Frauen,
Laßt vor den Hexen Euch nicht grauen!"

Probe einer Uebersetzung von Ovid's Metamorphosen I.Buch, V.1-88 (1797)

„Singen möcht' ich Gestalten, in neue Körper verwandelt!
Götter – ihr habt sie ja selbst verwandelt, Götter – begünstigt mein
Beginnen nun auch! Vom ersten Ursprung des Weltakts leitet ihr
den Gesang auf meine Zeiten herunter!
Eh' noch das Meer und die Erd' und der allbedeckende Himmel,
War die Natur im Kreise der Welt von e i n e m Gebilde.
Chaos heißt es. Ein roher und ungeordneter Klumpen,
Nur unthätige Last. Unpassend, übel vereinigt.
Hier zusammen gebraut der Stoff zukünftiger Dinge.
Da verlieh noch der Welt kein Titan Licht, da ergänzte
Noch das Gehörn nicht Triebe, wiederum wachsend.
Noch nicht schwebt' in umflossner Luft die Erde, gehalten
Durch ihr eig'nes Gewicht, noch hatte nicht Amphritite
Ausgebreitet die Arm' am weiten Ländergestade.
War dort Erde: so war's zugleich auch Luft und auch Wasser,
Also war die Erde nicht fest; das Wasser nicht flüssig;
Lichtlos die Luft. Die eig'ne Gestalt erhielt sich in keinem.
Und entgegen war Eins dem Andern, denn in dem e i n e n
Körper kämpfte das Kalte mit Warmem, Feuchtes mit Dürrem,
Und das Weiche mit Hartem, und mit dem Leichten das Schwere.

Aber ein Gott, sammt bess'rer Natur, beruhigte dieses
Streiten, sondernd die Länder vom Himmel, und von den Ländern
Die Gewässer, von trüber Luft den lauteren Himmel
Dies, entwickelt, und dem verworr'nen Haufen entzogen,
Und verschieden vertheilt, verband er durch einigen Frieden.
Die gewichtlose, feurige Kraft des wölbigen Himmels
Schimmert empor, und erlag der Stärk' an oberster Höhe;
Ihr am nächsten die Luft an Leichtigkeit und an Stärke;
Dichter als Er – die Erde zog an den gröberen Urstoff –
Sank durch ihr eig'nes Gewicht. Das rundumfließende Feuchte
Nahm sich den äußersten Platz, den festen Erdkreis umzäunend.
Als dem vertheilten Haufen, wer jener auch war von den Göttern,
Also getrennt, und den getrennten in Theile geordnet,
Ballt' er, damit sie nicht von jeglicher Seite sich ungleich,
Erst in große Kreisesgestalte die Erde zusammen,

Hieß dann dem Meer zu erströmen, zu schwellen von reißenden
Winden.
Und zu umgeben das rings umkreiste Ländergestade,
Dazu that er noch Born', unermeßliche Weiher und Seen,
Und schloß ein abgängige Ström' in krumme Gestade.
So, nach der Lage verschieden, die Erde selber hinein schlingt,
Oder gelangen in's Meer. Im freien Wassergefilde
Schlagen sie, statt an's Ufer des Stroms, an Ufer des Meeres.
Und sich zu dehnen, gebot er den Feldern; zu senken den Thälern.
Zu belauben den Wäldern; zu heben den steinigen Bergen.
Und so wie je der Zonen zwei zur Rechten und Linken
Theilen den Himmel und wie die fünfte heißer als jene
Also theilte nach gleicher Zahl die Sorge des Gottes
Die umschlossene Last. So viele Zonen umgeben
Auch die Erde: die mittler' ist unbewohnbar vor Hitze;
Zwei decke ein hoher Schnee; zwei setzt' er zwischen die beiden,
Da gab er mildes Wesen durch Wärme und Kälte vereinigt.

Ueber diesem die Luft, die so viel schwerer, denn Feuer.
Als das Gewicht des Wassers ist leichter, denn jenes der Erde.
Dort auch, gebot er, zu halten, den Nebeln, dort auch, den Wolken,
Und dem Donner, der einst die menschlichen Seelen bewegte,
Und mit den Blitzen zugleich den kältebringenden Winden.
Hier und dort zu beherrschen die Luft, erlaubte doch keinem
Nicht der Bildner der Welt. Kaum werden sie jetzt noch gebändigt,
Da sie jeglicher eigenen Strichs ihr Weben regieren,
Nicht zu zerreißen die Welt: So uneins sind sich die Brüder.
Hin zum Aufgang begab sich der Ost, zu den Nabatä'schen Reihen,
Persien und den Gebirgen, die unter den Strahlen der Frühe
Und der Abend, die Küsten, erwärmt von sinkender Sonne,
Nahen dem West. Auf Scythien und auf Mitternacht fiel der
Schreckliche Nord. Und die entgegen liegenden Lande
Werden befruchtet vom regnigen Süd und von stetigen Wolken.

Ueber Dieses setzt' er den klaren, gewichtlosen Aether,
Der auch Nichts enthält von jenen irdischen Hefen.
Und kaum hatt' er dies all' durch sich're Grenzen geschieden,
Als auch, lange gedrückt in jener Menge verborgen,
Nun die Gestirne begannen am ganzen Himmel zu lodern:
Und daß auch keine Gegend beraubt von ihren Geschöpfen:
Nahmen die Stern' und Göttergebilde den himmlischen Boden,

Räumten sich ein die Wellen zur Wohnung glänzenden Fischen,
Nahm die Erde das Wild, die bewegliche Luft das Geflügel.
Und ein Geschöpf, das heil'ger und fähiger hohen Gemüthes,
Fehlte nun noch, und das die übrigen möchte beherrschen.
Da ward geboren der Mensch. Aus Stoff der Gottheit erschuf ihn
Jener Ursprung der besseren Welt, der Bildner der Dinge;
Oder, noch neu und kaum vom hohen Aether geschieden,
Hatte die Erde noch Stoff des verwandten Himmels behalten,
Welche Japetus Sohn, vermischt mit Wasser des Flusses,
Bildete nach der Gestalt der altregierenden Götter.
Und da niederwärts schau'n die andern Geschöpfe zur Erde:
Gab er dem Menschen erhabenes Antlitz, und hieß ihn, den Himmel
An zu schau'n, und zu heben das hohe Gesicht zu den Sternen.
Also die Erde, vor Kurzem noch roh und ohne Gebilde,
Trug nun verwandelt die unbekannten Menschengestalten."

Das heilige Feuer (1799)

„O Darius, warum voran das Heilige Feuer? Nur ein Fünkchen davon sei in der persischen Brust!"

An den Schlaf (1799)

„Komm, du freundlicher Schlaf, o, komm zum Lager des Siechen! Oder, wenn du nicht kannst, sende den Bruder ihm zu!"

An den Kranken (1799)

„Nach Italien sollst du, du Kranker! sagen die Aerzte!

Reise glücklich, und dich heile die mildere Luft! O mein Lieber, wir Alle, wir geh'n in's mildere Clima, wann es der Arzt der Welt, wann es der Tod uns gebeut."